Pitti PEOPLE

ピッティ・ピープル

Portraits of the Italian Dandy

イタリア男のスタイルブック

Illustration & Composition
by Yooco Tanimoto

Pitti Uomo in Florence

1月と6月頃に開催される
メンズファッションのプレタポルテ、
PITTI UOMO（ピッティ・ウオモ）。
それは世界中から集まる
お洒落ガイたちの世界最大級の祭典。
小さな美しい古都フィレンツェの街中に
美しく溢れかえる、
ピッティ・ピープルのイラストルポルタージュ。

PITTI UOMO is a pret-a-porter exhibition for Men's Wear held in January and June.
The world largest celebration for fashionista men from around the globe.
This illustration reportage dictates the over-flowing beauty in the historical small town of Florence.

What is PITTI UOMO?

ピッティ・ウオモとは？

ピッティ・イマージネ・ウオモ（通称＝ピッティ・ウオモ）とは、毎年1月と6月にイタリアはフィレンツェの史跡・バッソ要塞で行われる世界最大級のメンズファッションのトレード・フェア。
テーラード、カジュアルウエア、靴、バッグ、アクセサリーなど、イタリアだけでなく世界中のブランドが参加し、その数は1,000以上にものぼるという。
この期間のフィレンツェは、最新メンズファッションを一望できる街になるのだ。来場者はシーズン毎に増え続け、今やパリ＆ミラノコレクションをはるかに上回るという。
有名百貨店やセレクトショップのバイヤーなど、世界中のトレンドセッターが集まるこの祭典には、世界中のファッション・ジャーナリストたちもまた集結する。
ピッティ・ウオモは、来シーズンのトレンド、そしてそのリアルな着こなしを目の当たりにすることができる、メンズファッションにおいて最も重要なイベントなのだ。

PITTI IMMAGINE UOMO (commonly known as PITTI UOMO) is one of the world largest men's fashion exhibition held every year in January and June at Fortezza da Basso, one of the historical sites of Florence, Italy.
Over 1000 brands from not only italy but around the globe all gather exhibiting their tailored, casual wears, shoes, bags and accessories.
During this period, Florence becomes a city to explore the whole overview of the latest men's fashion.
It's continually growing visitors now even exceed that of the Paris and Milan collections.
Worldwide fashion journalists who forecast the next coming trend including famous department stores and select shop buyers all come together to this celebration.
Pitti Uomo is the most important event in men's fashion, where you can witness the trends of the upcoming season and its real close dressing.

Pitti
Uomo is ......

Pitti
People are ......

Pitti PEOPLE
Contents

Pitti Uomo in 2014

さて、2014年のピッティの傾向として、何も今年に限ったという訳でもないが、ここ最近は、特にスーツやジャケット＆パンツといった、いわゆる定番的なメンズクロージングのスタイルの他に、絶対数はそこまでではないものの、例えば、全身をブラックやモノトーンで統一したモード寄りのスタイルからTシャツやスニーカーをアクセントとして取り入れたストリート系のスタイルなど、バラエティ豊かなファッションスタイルも多く見られるようになってきた。これもひとえに、ピッティ・ウオモ自体が国際的に注目を集めるファッションイベントとしてグローバルになった証であるともいえる。が、何よりメンズファッションのマーケットやシーン自体が再び盛り上がりをみせていると、そう裏読みしてみてもいいだろう。その上で、ピッティ・スタイルの花形であるスーチングを語るのであれば、年齢関係なく、『個人個人が提案する、独自の打ち出しがさらに明確になってきた』ことが挙げられる。上品で色気のあるイタリアらしいスーツの着こなしに、カラーやアクセサリーでラグジュアリーやモダンの要素をほんのりとプラスしたりと、またブリテッシュクラシックやアメリカントラディショナルといった正統派のスーツを現代的にアップデイトしたり、柔軟にコーディネイトを楽しみつつ、トレンドのフィルターを通してアレンジされた、新しい解釈のスーツスタイルが目立ってきている。

Pitti 2014 has delivered a rich selection of fashion styles ranging from the more stylish head-to-toe monotone arrangement to the street style fashion that focuses on a T-shirt or sporty footwear. One could say that this is a clear indication of the fact that the Pitti Uomo event has developed into a global fashion event that demands the attention of the international fashion community. One could also argue that it's an indication of the mens fashion scene and industry picking up heat again. For Pitti, the suit style remains the star player and "the projection of the individuals' own preference has become ever more apparent" in its styling, regardless of someone's age. Adding colors or accessories to the classic sexy Italian suit to bring about a luxurious or modern element to the overall look, or taking the orthodox suit in either British classic or American traditional style and giving it an update; a flexible coordination of items across a varied range of styles and trends is being embraced. A new understanding of the suit-style is emerging.

The Italian Dandy

Timeless Elegance

イタリアでは若者より
おじさんの方が断然お洒落で格好いい。
お洒落の年季が違うから
当然のことかもしれない。
小さな頃から着道楽の親父たちが
身内や近所にいたりするものだから、
知らず知らずに自分の未来の姿を
シミュレーションできているのかもしれない。
だって、クラシコは若者が着ても
ちっとも面白くない。
お洒落に見えるのは品格があるから。
熟練の男がもつエレガントさと
美しさという、セクシーなスパイスこそが
大人のお洒落の肝なのだ。

In Italy, definitely the mid-aged
are much cooler than the young ones.
Perhaps the time spent for
fashion naturally defines this.
Maybe because of the stylish adults
being around them as relatives or neighbors
from their childhood make them able to
simulate their grown up vision
unconsciously.
You know, a young one can
never really wear the classico.
The dignity is what makes the style.
The elegance and beauty of a matured man
is the secret spice which actually
makes the style as an adult.

CLASSICO ITALIA

1986年にフィレンツェで創立された
クラシコ・イタリア協会とは、
古き良きサルト（仕立て屋）の
伝統的な技術を誇る
イタリア有数の縫製会社が
集まった協会の名称。
スーツの三大スタイルである
「ブリティッシュスタイル」、
「クラシコ・イタリア」、
「アメリカントラディショナル」の中で、
もっともエレガンスで
男のセクシーさを表現しているのが、
クラシコ・イタリアと言われている。

Classico Italia was founded in Florence in 1986.
Association is gathering sewing companies, that boasts of a high techniques of classic and traditional sarutoria(tailors).
It is said that Classico Italia is the most elegant, of the three styles "British Style", "Classico Italia", "American Traditional".

Pitti *Style Pics*

AUTUMN& WINTER

ピッティ・ピープルの醍醐味、A&W

ピッティ・ピープルを見るなら
秋冬シーズンが面白い、と
ピッティ関係者は口を揃えて言う。
夏の軽やかなスタイルも楽しいけれど、
お洒落の達人たちのセンスが
より光るのは秋冬だからと。
そう、その通り1月のピッティは
想像以上に奥深かった。
颯爽と闊歩しているお洒落オヤジたち、
アウターひとつにしても、スーツや
ジャケットの上にただ羽織ればいい
という人は誰ひとりいない。
シャツ、上着、アウターが三位一体であり、
防寒もかねた仕上げのストールや
グローブ、バッグなどの小物類の
見せ方の上手さったら。
さらに素材、色、フォルム……。
ひとつひとつのアイテムを、
色んな角度から計算した
レイヤードスタイルは冬のお洒落の
魅力と醍醐味を教えてくれる。

Attraction A&W of a Pitti people

If you want to understand the fashion of Pitti People, just look at previous Pitti attendees who says AW is, be nice .
With a fun, airy style in summer, pitti people to display their fashionable abilitybut wield more arms of the sense of the heroes of the fashionable in autumn and winter. Thus, the winter style brings in more imagination.
In terms of the outer layers, no one should wear just a jacket or suit.
A shirt, jacket, and outer layer represents the "trinity," while accessories such as gloves or a bag serve to complete the look. Every angle of the material, color, form etc. of this layered style reveals the real thrill and charm of fashionable winter.

AUTUMN & WINTER

COAT

ヨーロッパ紳士の冬に欠かせない外套といえば、まさしくコートである。その王道であるチェスタータイプは、時にドレッシーに、時にカジュアルにと、コーディネイト次第で随分と印象は変わってくる。もちろんシングル、ダブルといった前打ち合わせやラペルのデザイン、またボタンの数や並び方、着丈の寸分でも、だいぶ雰囲気は異なってくる。そして、スタイル全体を構成する上で重要なポイントを占めることになるのは、やはり色や素材、そしてショルダーラインであろう。そんなコートのメカニズムを熟知し、自由自在に着こなすピッティ・ピープル。ファッションスキルの高さは、そんな着こなしの幅ひとつとっても十分に伝わってくる。

The outerwear that European gentlemen cannot do without is none other than the overcoat. The Chester, the alltime classic, is one that can be dressed up, made casual, or if cleverly coordinated, made to assume any impression of choice. Single or double-breasted, design of lapel, buttoning, length; these are all important elements in creating style distinctions. Above all that however, the key point still lies in the color, texture, and shoulder-line. Pitti People have a mature understanding of such mechanisms of the coat, and dress effortlessly with a free spirit. Top fashion skills are reflected in even the smallest detail of styling.

Chesterfield
× Wrap Around Scarf

テイラードタイプと同様に、ヘリンボーンの織り柄のコートも冬のイタリアにはよく似合う。人気の、膝丈上のスポルベリーノ。

Tailored Coat
× Double Scarves

巧妙でテクニカルなスカーフの2枚使い。それを決して過美なものに感じさせないのが、彼らピッティ・ピープルの着こなしの妙だ。

WEAR COAT OVER SUITS

スーツやジャケットの
上から羽織るコートは
脱ぐからといって
手を抜かない。
着ていても脱いでも、
完成された着こなし。
冬は肌の露出が少ない分、
首元がパーソナルな
魅力を引き立てている。

Coats are thrown over a suit or a jacket and then taken off. But there should be no corners cut as on or off, they complete the picture. Covering up during the cold winter months brings attention to the originality and attraction of the neck area.

Polo Coat
× Silk Scarf

ダークカラーのハーフコートに映えるボタニカル柄のシルクスカーフ。スカーフの柄や巻き方だけで単調なコーディネイトを払拭。

Chester Fort Double Coat
× Bow Tie

幅の広いラペルとコートのレングスで主張されたジェンツな男らしさ。細身のシルエットラインで正統派ながらも、モダンな印象に。

The Outdoor Field Jacket

ファッションアイテムとしてアウトドアウエアやミリタリーウエアをセンスよく取り入れるのに長けた、イタリアのファッションピープルたち。野暮ったさを感じるカントリー調のフィールドコートや、M-65タイプのような武骨なミリタリージャケットを、ユーティリティなファッションアイテムとして上手に着こなし、洗練された大人のスタイルを完成させる。その代表的なコーディネイトといえば、やはりスーツの上に着るオーバージャケット的な組み合わせ、もしくはタイドアップとのコンビネーションである。これらは共に、ピッティのシーンから派生したコーディネイトといっても過言ではなく、最も都会的でセクシーなフィールドコートの着こなし方といえるだろう。

The Pitti People are experts at tastefully mixing up military and outdoor clothing into their fashion. They gracefully reintroduce a frumpy field coat or a M-65 style military jacket as part of a sophisticated adult look. The popular arrangement is of course to wear it over a suit or to just combine it with any tied-up look. It's no exaggeration to say that this style originated from the Pitti fashion scene and it's by far the sexiest way to rock out the field coat in an urban setting.

Tweed Jacket
× White Pants

一見、粗野な印象のジャケット・オン・ジャケットの組み合わせは、ホワイトパンツやレザーシューズでクリーンに上品にまとめる。

THE OUTDOOR CHIC

デイリーな
ビジネスシーンにも、
オフスタイルにも
フィールドジャケットを。
キレイに着こなすには
細身のシルエットの
サイジングが決め手。
カジュアルとエレガンスを
熟知している大人のスタイル。

The Field jacket is for work or for your time-off. Wearing it with a slim silhouette is the key to bringing out its best. It's the outdoor clothing for the grownups who understand casual elegance.

Over a Suit

M-65タイプのミリタリージャケットにスーツという組み合わせは、冬のピッティ会場でよく見かける定番スタイルのひとつである。

Field Jacket × Knit Cap

秋冬らしい落ち着いたカラートーンでまとめる。ニットキャップやグローブは、フィールドコートと相性のいい格好のアクセサリーだ。

AUTUMN & WINTER

Jackets & Scarves

秋冬のジャケットスタイルを、より優雅に華やかに味付けするスカーフ。「Vゾーンに足してドレッシーに見せるか」、「ネック回りにボリュームを効かせるか」、それとも「挿し色として色を加えるのか」。その使い方ひとつが、コーディネイトをもう一段階格上げさせるポイントとなってくる。さりげなく自然に、かつジャケットとの相性を見極めた上での塩梅のいい組み合わせという点では、彼らピッティ・ピープルたち、洒落人たちのスカーフの扱い方は本当に巧みである。無論、ジャケットの素材を加味したコンビネーションなどもそうで、仮に、感覚的で適当に組み合わせて巻いたとしていても、計算されたものとして見受けてしまうことすらある。

The scarf is an item that adds grace and glamour to the Autumn/Winter jacket fashion. Does one "Add to the V-zone for a dressed-up look", "Let the neck area speak volumes" or "Spice it up by injecting another color"? The scarf is a key item in elevating the dresser to a whole new level. Fashionistas like the Pitti People can effortlessly decipher the compatibility of a scarves and jackets. What may at first seem like a careless wrap-around is in fact an unassumed yet astonishing result of what looks like a meticulous matchmaking session as textile coordination is also a skill they have mastered. The Pitti People are indeed masterful with their scarves.

Brown & Green Jacket
× Shadow Blue

ツイーディーなジャケットにさらりと合わせたスカーフ。巻き方も非常にシンプルで、まさに理想的な大人の冬のカジュアルといえる。

Taupe Jacket
× Purple Stripes

必ずしも収まりよく、丁寧にあしらうだけが決まりではない。シワやねじれなどニュアンスを大事にすることも彼らはよく知っている。

COLOR PLAY

起毛感のある
温かく柔らかい印象の
ウールやカシミア。
混紡素材のジャケットなら、
どんな色も浮き立つ
ことはないから、
冬こそ色遊びを楽しみたい。
ストールとのコーディネートは
冬のお洒落の楽しみの
ひとつ。

Winter is the season to play with colors. If it's a wool or cashmere-mixed jacket with a somewhat furry look one can get away with any color. Coordinating with the scarf is one of the joys of winter fashion.

Green Jacket
× Fuchsia Pink

ソフトな素材感のフューシャピンクのスカーフと、モスグリーンのブレザーという上級的なカラーブロッキングの配色の妙に注目。

Gray Jacket
× Mix Color

シャープなシルエットラインの全身に、ネックウォーマーやスヌードのようにあえてボリューム感を持たせて巻いた色柄のスカーフ。

AUTUMN & WINTER

Winter Casual

カジュアルとはいえ、誰もがエレガンスに品よく見えるのは、カジュアル＝ドレスダウンという、崩したり、ハズしたりする考え方がそもそもあるからだろう。だから、自由で縛りのない無作法な服装ではなく、大人ファッションの教条を弁えた上でコーディネイトを愉しむのが重要なことを彼らは十分に理解している。例えば、仮にエキセントリックな重ね着やラフなダメージデニムを取り入れたコーディネイトだったとしても、TPOに合わせた色使いやシルエットバランスに留意したり、上質な素材の小物を使ってドレスアップしたりして、最終的にはファッショナブルで上品にまとめ上げる。それがピッティ・ピープルのコーディネイト術の最たるところである。

Pitti People have elegance even in casual clothes because their understanding of the word is casual seems to be to dress down or rough up. They don't end up in loose and sloppy clothes but still enjoy coordinating in keeping with the realm of adult fashion. For example, if it involved a look that featured eccentric layering or torn jeans, the consideration of the TPO is never forgotten. Whether it is the managing of the silhouette or accessorising accordingly, the final look is always one that is fashionable and elegant. Pitti People certainly know how to dress.

Duffle Coat

子供っぽく見えてしまうショートダッフルにスニーカーの組み合わせも、アイウエアやスカーフの巻き方ひとつで大人の装いへと昇華。

Quilted Wool Jacket

カジュアルなキルティングジャケットにスポーティなジョガーパンツの組み合わせも、その軽快なムードが、いい抜け感を感じさせる。

SPICE UP BASIC

巧みなレイヤードで
着こなしたレザージャケット。
古着のワークジャケットに
きっちりタイドアップ。
アウトドア色の強い
キルトジャケットに
上品なミックスカラーの
差し色ストール、
ダッフルコートと
シルクストールの
グラデーション使い。
共通するのはアイテムの
イメージを裏切る、
さらりとした計算高さ。

Skillful layering of a leather jacket. Vintage work jacket with a strict tie-up. Elegant multi-color scarf with tough quilted jackets in outdoor colors. Creating a gradation with silk scarf on a duffle coat. The one thing in common with these styles is the effortless look of a careful arrangement.

Biker Jacket

ハードなライダースをメインアイテムに、ニット、ボーダー、シャンブレーのハイレベルな重ね方。ポイントは無論レイヤードだ。

Worker Jacket

ワークスタイルを基本にしながらも洗練されて見えるのは、タイドアップやボトムスの丈感など絶妙に計算されたコーディネイトの賜物。

AUTUMN & WINTER

Down Vest

ダウンベストは、昨今、その需要の高さからデザインのバリエーションも随分と増え、アウターウエアとしては無論、最近では薄手のものを、ウエストコートやジレの代わりに使うコーディネイトも多く見られるようになってきた。何よりトレンドのアイテムだけあって、ピッティ・ピーブルが手本を示す通り、テイラードタイプのジャケットやスーツのアウター、インナーに重ねるだけで、ファッションのこなれたムードは一段と高まってみえる。ひと昔前までのヘヴィーデューティでイナたいアウトドアウエアの印象は今や過去のこと。どんなスタイルにも似合うマルチな万能ぶりは、時代が求めるファッションアイテムのニーズと見事に合致しているのではないだろうか。

Due to the popularity of the down vest, there are now numerous design variations to cater for its usages. As an outerwear vest of course but there have been thinner versions which are now often seen replacing the waistcoast or gilet. Being a trend setting item, the witnessing of Pitti People layering it over or under a suit or a tailored-style jacket appeared to send out a buzz of excitement. The image of it being a heavy-duty outdoor item is now a thing of the past. It is perhaps its multi-purpose styling versatility that was a perfect match for the fashion needs of the day.

THE OVER
Purple Vest × Navy Suit

色のコントラストを意識して、ネイビーを中心に同系色で上手くまとめる。やはりダウンベストとスーツとの相性は格別である。

THE OVER
Gray Vest × Pocket Chief

昨今のダウンベストは引き締まったシャープなシルエットが定番的。その見た目の印象は、さもするとモードアイテムのようにすら見える。

THE OVER & INNER

実用的でお洒落も
楽しめるとあって、
すっかり定番化した
ダウンベスト。
デザインもディティールに
凝っていたり、
素材の種類も増えて、
アウターにも、インナーにもと
着こなしの幅が
さらに広がっている。
オン、オフ問わず
ワードローブには
欠かせない秋冬の
マストアイテム。

The down vest has become a staple item for its practicality and versatility as a clothing item. With now a wide selection of designs such as the addition of elaborate trimming details, or use of different textiles, the spectrum of the puffer vest has also begun to widen in. For work or for after work, it is now an Autumn/Winter must-have item.

THE INNER
Black Vest × Bow Tie

ジャケットのインナーに、ウエストコートの替わりに。ドレッシーな組み合わせがコーディネイトをさらにモダンにブラッシュアップさせる。

THE INNER
Navy Vest × White Tie

そもそもスリーブレスのトップスだけあって、重ね着した際には、アームには干渉せず、窮屈に感じさせないのがその最大の利点。

How to Wear Scarves

秋冬のピッティシーンにおいて、とりわけスカーフは、個性的なファッションを主張するための極めて重要なアクセサリーといえるだろう。会場でも十人十色の様々なストールスタイルをよく目にするが、皆一様に共通するお洒落のポイントは、スタイルに自然に取り込まれて、エレガンスに上品にまとめていることである。テイラードタイプのジャケットに差し込む定番的な使い方は、しごくドレッシーに決まる。また、ドレープを意識して大判で長めのものをはらりと首から下げたり、ベルトを使ってケープのようにアウターウェアの代わりに使ったりと、一見、トリッキーで大胆な合わせ方をしていても、それはそれでさりげなく大変洒脱である。

AW Pitti scene sees the scarf as a vital accessory for asserting the originality of one's fashion. All those at the Fortezza da Basso sported their own scarf-styling but everyone one of them carried their style with natural grace and elegance. The typical style that tucked the scarf behind the tailor-ed type jacket was very much dressed up. With draping in mind, extra large scarves hung from the neck with some being belted to assume an alternative outerwear. These dress styles that seemed tricky and over-the-top were in their own sense casually making unconventional statements.

Big Drape

ただ自然に、ふわりと首から下げただけで、随分とファッションナブルにみえる。ニットキャップとの計算された色合わせがいい。

Wrap Around Bib

素材感の表れたヴィヴィッドカラーの柄スカーフで、シンプルなスーツスタイルが、軽妙でモダンなスタイルへとワンランクアップ。

Suit Jacket Tuck

ダブルのブレザーに沿わせるように、きれいに差し込まれたスカーフ。そのホワイトカラーが、フォーマルなムードを感じさせる。

Cape Style

大判スカーフをケープのようにアレンジ。ウィメンズでは見慣れた光景でも、メンズでは、だいぶハイレベルなコーディネイトである。

MASTER THE SCARF

イタリア人は
ストール使いが上手い。
スタイリングの仕上げの
アイテムとしての役割は
もちろんのこと、
気温の変化が激しい季節にも
ぬくもりをキープしてくれる。
大判ストールを
くるりと巻いたり、ベルトで
留めればアウター風に。
よく見るのが
スーツやジャケットに
ウールやカシミア素材の
ストールを入れ、
ボタンを留めるスタイル。
ベストを一枚
着用するくらいの保温力で
印象を崩しすぎず、
ほどよくドレスダウン。
何より
巻き方に悩まなくてもキマる、
すぐに真似したい着こなし術。

The Italians know how to wear scarves. Scarves are useful as the finishing touch or as something that keeps the warmth when temperatures suddenly drop. Large scarves are wrapped and belted for an outdoor look. Wool or cashmere scarves are good in combination with the suit, tucked in and buttoned over. They are as warm as wearing a vest so serve as the ideal alternative for gracefully dressing down a more rigid look. They look good however they are wrapped and it's a must to learn how to dress with them.

Mr. RARO

ミスターラロ

「マラロ バイ ミスターラロ」のオーナー兼デザイナー。クラシックスタイルの最先端を着こなし、立ち姿、仕草ひとつとっても画になる伊達男。

Pitti Celebrities

Perfect Cool Guys

ピッティ・セレブリティの登場

たくさんのお洒落ガイが行き交う
会場内外でカメラのシャッター音が
騒がしくなり、パパラッチが動き出すと、
彼らたちが現れる。
一瞬にして取り囲むように人の輪ができ、
ファッションスナップ隊もヒートアップ。
国内外のファッションスナップ常連の
彼らはメンズファッション業界に
おいても重要人物だ。
最新のスタイリングで映画スターも
顔負けの華やかさとオーラを放つ。
会場の一角で友人同士の彼らが
集まり、話に花を咲かせている姿は、
まるでイタリア映画の
ワンシーンを見ているようだ。
ピッティ・セレブリティの登場は、
会場をピークに盛り上げる。

The Emergence of Pitti Celebrities

The camera shutter sound is noisy inside and outside the venue, many cool guys come and go, paparazzi starts to move, they appear.
Many People surround them it in an instant, fashion snap Corps also heat up.
Most of their fashion photos taken at home and abroad are of prominent people in the men's fashion industry.
they have an aura of pomp and circumstance, Wearing the latest styles, They that gather at the corner of the venue and enjoy conversations, It is just like a scene out of a Italian movie.
The emergence of Pitti Celebrities livens up the venue.

Pitti Celebrities

Alessandro Squarzi
アレッサンドロ・スクアルッツィ

「ショールーム アレッサンドロ・スクアルツィ」主宰。その卓越したファッションセンスでパパラッチ率ナンバーワン。イタリアを代表するファッションセレブ。

Simon Crompton
サイモン・クランプトン

メンズウエアジャーナリスト。長身で細身、知的な雰囲気が薫るたたずまいでクラシック系コンサバの洋服をさらりと、しかし隙なく着こなす。

Luca Rubinacci
ルカ・ルビナッチ

ナポリの老舗高級サルト「ルビナッチ」の3代目、ミラノ店オーナー。独特のファッションセンスでブランドプロデューサーとしての腕も評判高い。

Mariano Di Vaio
マリアーノ・ディ・ヴァイオ

モデルにしてFB38万人、インスタは114万人のフォロワーを持つファッションブロガー。最大限に自分を魅せる着こなしはさすが現役モデル。

Nick Wooster
ニック・ウースター

バーグドルフ・グッドマンやニーマン・マーカスのディレクターを経て、独立後は多方面で活躍。ファッションブロガー達のスタイルアイコン的存在。

Lino Ieluzzi
リーノ・イエルッツィ

ミラノのセレクトショップ「アル・バザール」オーナー。エレガントな大人の着こなし、大物の風格は誰もが認めるクラシコ・イタリア界の重鎮的存在。

Pitti Couple

MONOTONE DRESSING

ピッティ・ピープルにはあまり見かけないモノトーンスタイルも、カップルではよく見られる。一緒に並ぶだけで華があるから、派手な色は必要ない。余計な色がない分、ふたりの距離感や親密さまで感じられる

Chesterfield
× Wrap Around
Scarf

Duffle Coat

Polo Coat
× Silk Scarf

A&W Pitti Styles

ピッティ・ピープルにとって秋冬のファッションというのは、花形である。重衣料がメインの正統派然としたコーディネイトにアーティスティックな配色美を基調とした色の組み合わせ。代表されるのはチェスタータイプやステンカラーのコートに、スカーフやハット、レザーグローブというダンディズム溢れるウィンタースタイル。フィールドジャケットやダウンジャケットにタイを合わせたスポーティなカジュアルや、流行のニットカーディガンをまるでイブニングガウンのように優雅に着こなす様なども当然、かっこいい。さて、ここ最近では、新たな時代のファッションを予感させるミックスアップされたスタイルなども大変新鮮だ。例えばドレスファッションをライダースジャケットやデニムパンツで大胆に着崩したカジュアルフォーマル。モードよろしくシャープなシルエットラインの端整なスーチング。ジャケット＆パンツにハイキングブーツやワークブーツとツイストされた足元。これらは旬を感じずにはいられない最先端のメンズファッションである。古典に即したクラシコ・イタリアな正統派から、モードの先をゆく革新的な提案まで。多種に富む秋冬のピッティのドレスコード。その姿は、たとえエキセントリックに見えても誰もが一様にクリーンで男らしく、エレガントでリュクスな雰囲気すら漂う。それらはまさに現代男子がファッションの手本とすべきベーシックスタイルといっても過言ではない。

For Pitty People, Autumn/Winter fashion is where they can shine the most. Coordinating an orthodox style with primary use of heaving clothing and matching that up with colors that use an artistic color-scheme for its keynote. Typically this would be seen in a dandy winter style with a Chester-type or stain-colored coat, scarf or hat, and leather gloves. Going sporty casual with field jacket or down jacket tie-up, or gracefully dressing up a trendy knit cardigan as if it were an evening gown...these are definitely all noteworthy looks. Recently there has been styling that involves a blending of distinct styles and this has been extremely refreshing as it seems to suggest that has been a birth of a new fashion that reflects the times. The altering of the dress fashion into a casual formal-style via a dramatic dress-down introducing for example a rider's jacket or a pair of denim trousers. Taking a stylish sharply silhouetted suit or jacket & trousers and giving it a twist with a pair of hiking boots or work boots. These are all cutting edge fashion for Men's AW. From the Classics revering orthodox style to the hint of a new future in men's fashion, the Pitti dress code for AW is rich with varied styles. These are styles that may at first seem rather eccentric but those that have an air of luxury with their clean, masculine elegance. It would not hurt to say that all young urban gents should use this as their model dress code.

Pitti *Style Pics*

SPRING & SUMMER

S&Sは
大人のリラックススタイル

春夏のピッティ・ピープルたちの
スタイルで人気が高いのは、
真夏も健在のダブルブレスト。
春夏ベーシックをブラッシュアップ
したかったら、まずはコットンの
ネイビーのダブルブレストを。
ボトムはロールアップした
細身の白パンツ、
もしくは膝上10cmのハーフパンツ。
さらにイタリア親父を意識するなら、
素足にタッセルスリッポンを。
仕上げにミラーサングラスや
パナマハットをプラスしてもいい。
もちろん手首のお洒落も忘れずに。
春夏はリラックスしたスタイルで
軽快に、大人のポップな遊びを
随所にちりばめて。

Relax look for some glown-up

For Spring Summer, it was the mid-summer double-breasted that was the most popular amongst the Pitti People styles. If one is wanting to brush up a SS basic style, first go for a navy cotton double-breast. Roll up a pair of slim white pants or wear half-length trousers that stop 10cm above the knee. If you fancy the Italian Daddy look, tassel slip-ons on bare feet. Mirror sunglasses or a panama-hat can be added as the finishing touch. And don't forget to accessorise the wrists. Spring/Summer is about light-heartedly sprinkling some grown-up Pop across a relaxed look.

SPRING & SUMMER

White & Blue

夏らしいホワイトとブルーの配色美と、鮮やかな色のコントラスト。ピッティらしいブルーを挙げるのであれば、やっぱりイタリア語で空の色を表す「アズーロ」が、スーツなどでよくみられる人気のカラーではある。さて、ホワイトとブルーのコンビネーションというのは、どちらかというと「ストイックに締まった印象」というより、「清潔感があってクリーン」なイメージが強く、その涼感の溢れる見た目には大人の色気すら漂う。そこにホワイトリネンやインディゴブルーなんて春夏シーズンらしい素材の要素が入ってくれれば、コーディネイトに奥行きが感じられて、アクセサリーなどはほとんどいらなくなるほど、随分と趣が増すことだろう。

If Pitti were to choose a blue color, it would be the Italian "azzurro", the color of a particular color in the Italian sky, and one that is in popular use for suits. The combination of blue and white tends to give off a strong impression of hygiene and cleanliness that spills over with an attractive calmness of a grown-up. If seasonal SS textiles such as elements of white linen or indigo blue were to be introduced, depth will added to the look and it may even be enough to stop you from accessorising. Now imagine how much more one can pursue because of that.

White× Navy

ホワイトのジャケットにタイやシャツをブルーでまとめたVゾーン。チーフのカラーも加わって、全体的にはっきりしたコントラストに。

Blue Suit

空の色『アズーロ』のスーチングに胸元の開いたシャツ。着流したスーツもまたこなれていて、その抜け感たるや非常に粋である。

SUMMER COLORING

春夏の普遍的カラー、
白とブルー。
爽やかな色合わせは
ドレスアップしても
固苦しくなく、
クリーンで洗練された
印象を与えてくれる。
オフのスーツや
ジャケットスタイルも
リラックス感がありつつ、
清潔感と上品さをキープ。
白とブルーで遊ぶ、
大人の余裕。

The universal colors of the summer; blue and white. The refreshing color combo gives off a clean and refined impression but never gets too rigid when dressed up. It gives off feeling of relaxation in a weekend suit or jacket style yet retaining a smart gracefulness. Playing with white and blue is surely an adult's privilege.

White Suit × Stripes

リネン素材とも見て取れる着丈の長いダブルのジャケットにワイドパンツのスーツ、そこにボーダーという極めて玄人的な組み合わせ。

White × Black

着丈の短いトップスとクロップしたボトムスでタイトにまとめる。メリハリの利いた配色は、ホワイトでまとめたトップスがポイント。

SPRING & SUMMER

Vivid

世界のメンズファッションのシーンにおいて、イタリアの、しかもこのピッティ・ウオモの会場ほど、鮮やかなカラーリングで洒落た男性たちを目にする場所はない。色使いのテクニシャンたちでもある彼らが、こぞって独自の配色のパフォーマンスを披露、ラティーノの情熱的なカラーやプレップでスポーティなカラーをまとって夏のファッションの気分を盛り上げてくれる。例え、色味の強いジャケットでも決して悪目立ちすることなく、アクセントというよりは、むしろファッションのメインポイントとして躊躇なく組み合わせる。独特の美的センスやパーソナルの表れた配色術は、真似ようとも、なかなか彼らのように上手くはいかないものである。

There is no other place in the world of mens fashion where one can witness so many colorfully stylish men at the same as the grounds of Pitti Uomo. Being technicians of color application, all men take pride in displaying their original color schemes. Wearing passionate latino colors or plebe sporty colors they spice up the world of summer fashion. Even jacket in a strong color does not stand out uninvited; in fact it gets coordinated as the primary item of the overall style. Being talented in dressing with original aesthetic touch or personality revealing color schemes - this is not easy to imitate.

Navy × Yellow

スポーティなイエローのショーツにネイビーのブレザー、足元にはスニーカー。アクティブな印象を感じさせるプレッピースタイル。

Salmon Pink × White

サーモンピンクだろうが嫌味な艶っぽさは微塵も感じさせない。リゾートファッションのような着崩した装いも、夏らしくていい。

SUMMER PALETTE

6月のピッティ会場に
溢れたカラージャケット。
目が覚めるような
鮮やかなカラーは
日射しを受けて夏の気分を
盛り上げてくれる。
クリーンな白を合わせれば
爽やかさもグッとあがり、
どんなヴィヴィッドカラーも
無敵のスタイル。

Pitti in June overflows with colored jackets. Startlingly bright colors catch sunrays and heat up that summer feeling. Inviting a refreshing look when paired up with a clear white, any vivid color is fearlessly stylish.

Orange × Navy

アイキャッチーなジャケットのオレンジ。サングラスのミラーレンズの色も同色に揃えて、細かな色合わせにも決して抜かりはない。

Baby Pink × Turquoise Blue

ベースカラーであるホワイトを基調に、ベビーピンクのジャケットとターコイズブルーのタイのマッチングの妙が際立つ。

SPRING & SUMMER

Suit

春夏のピッティシーンで、最近のスーツトレンドの傾向といえば、コンパクトなショルダーで着丈の短いジャケットに、腿回りに多少ゆとりがあってノーブレイクのレングスのパンツという組み合わせだろう。服地はクラシックなハウンドトゥース（千鳥格子）やウィンドウペーン（窓枠のような四角形のチェック）といった表情のある柄やパターンのウール地などがよく見られるようになってきた。無論、ネイビーやグレーのソリッドなスーツは継続的に人気ではあるものの、ここ最近目立つのは前者。これは、ファッションとして、スーツスタイルが広く親しまれてきていることの証であって、逆にビジネスシーンのようなファッション性の低いスタイルを見かけることはほとんどない。

Recent suit fashions trends observed at the SS Pitti tended to be ones that teamed up the following: compact shoulders, short-lengthened jacket, and trousers in no break length but with loose-fitting thighs. The suitings often spotted were the classic ones with an expressive pattern on a wool; the houndstooth (chidorigoushi) and the windowpane. Suits in solid colors like navy and grey continue to be popular of course but it seems to be the former that's being favoured. This is because the suit style has become familiar as a fashion choice. The unstylish business suit is becoming rarity to spot.

Hound Tooth

クラシカルで正統派然とした3ピースも、ジャケットのバランスやシャープなシルエットラインが、より今日的なイメージを与える。

Windowpane

ウィンドウペーンのスーツにプリント柄のタイ。パターン・オン・パターンの組み合わせは、ファッション性を強く感じさせる組み合わせ。

NEW CLASSIC

今期のトレンド柄はウィンドウペーン。
シャープなストライプと違い、
柔らかくクラッシックな印象に。
同じくクラッシックなハウンドトゥースのスーツはスリーピースでエレガント。
どちらも上品かつ、落ち着いた大人の雰囲気を演出してくれる。

The trendy pattern this season is the window pane pattern Unlike the strong stripe, it gives off a soft classic impression. Similarly, the houndstooth suit is elegant in a three-piece. They both entertain with a grown-up atmosphere that is refined yet relaxed.

SPRING & SUMMER

Double Breasted Jacket

ダブルブレステッドのジャケットの着用率は、ここ数年でだいぶ高くなった。男性的で堅牢なイメージを持つダブルも、時代のファッションの洗礼を受けて、大きく様変わりした。フィット感のあるシルエット、コンパクトなサイジングは、もはや今日のダブルの常識であり、ウールやコットン以外に、ミラノリブのようなニット素材からスポーティなナイロン素材も見かけるようになった。ただ、ピッティ・ピープルのファッションは、 それだけに留まらず、あえてボタンを閉めなかったり、また反対にボタンを全部掛けたりといった風に、ボタンのアレンジひとつで、抜け感などコーディネイトを自在にコントロールする。それもまた彼ららしいテクニックであるといえる。

For the last few years, the percentage of people wearing the double-breasted has been rising. Blessed by the fashion of the times, even the masculine double with a strong durable image has undergone some transformations; with a somewhat Florentine feel to the silhouette and in compact sizing - this is now the standard of today's double. Other than in wool or cotton, it's now possible to spot them in a variety of materials ranging from Milano rib knit to sporty nylon. Pitti People don't just stop there however and experiment with such things as buttoning: leaving it all open, fully buttoned-up, a button here or there...it's another technique to consider.

Moss Green

時代のダブルは、このぐらいコンパクトにフィットしているのがいい。トップスのバランスに合わせて、足元は軽快にロールアップ。

THE PERFECT FIT

ピッティ・ピープルたちの着用率の高さから見ても本格的なブレイク間違いなしのダブルブレスト。一昔前のものとは違い、コンパクトなフィッティングはタイドアップしないでもサマになる。春夏ならホワイトパンツで軽快に。

Judging from the frequency of the appearance of it on the Pitti People, the double-breasted jacket will no doubt make a serious comeback. Unlike the ones from back in the day, their compact sizing can still look good without being tied-up. For the spring and summer, go light with a pair of white trousers.

Beige × Red Striped

ジャケットを、まるで「カーディガンでも羽織る」かのように着流すのもまたイタリア的。シャツの開き具合の加減もまた絶妙である。

Summer Casual

ここ数年ピッティ・ウオモでは、各国のファッションカルチャーを代表するような趣味や嗜好性の強いファッションやスタイルが多くみられるようになってきた。カモフラージュ、ボタニカルといった柄パターンの取り入れは、今のトレンドとも連動していて周知の通りではあるが、ダメージデニムやスウェットといったいわゆる『アメカジ』な、アメリカンヘリテージやウエストコーストの匂いを感じさせるアイテムを使ったコーディネイトとなると、それはそれでまた目新しい。世界が注目するリアルクローズの祭典としては、そんなカジュアルの勢いも当然受け入れていて、スーツにキャンバススニーカーといった組み合わせなどは最も旬なスタイルだといえよう。

In recent years at Pitti Uomo, there has been many sightings of styles that almost represent a nation's fashion culture, and ones that are strongly hobby-based. The way in which camouflage or botanical has been blended into a standard is linked to the recent trends. Taking a damaged-denim or sweatpants in the "American-Casual" style and coordinating that with an item reminiscent of American Heritage or of the West Coast is in its own way novel. As organisers of a real clothes festival attracting world-wide attention, such momentums of the casual fashion world are of course taken into consideration. The teaming of the suit and the canvas sneaker for example is the most seasonal style.

FLORAL & CAMOUFLAGE

フローラル柄もカモフラージュ柄も今やシーズンレスのベーシックアイテム。春夏シーズンならパンツやジャケットなど主役級アイテムで楽しみたい。

Floral patterns and camouflage are now standard items that aren't restricted by the seasons. During the Spring and Summer months however, it's ideal to enjoy them on trousers and jackets and as one of the main players in your styling.

Floral Pants × Gray Jacket

定番化したといっても過言ではないボタニカル。そのナチュラルなモチーフが、逆に都会的であってスタイルに"華"を添えてくれる。

Camouflage Jacket ×Gray Pants

トレンドの筆頭柄として大人気のカモフラージュ。近年はウエアに限らず、バッグやシューズといった小物でも見ることが多くなった。

WHITE SHIRT

ブリーチアウトした
デニムのオーバーオールに
白シャツ、スウェットの下に
パリッとしたクリーンな
白襟シャツ。どちらも
脇役アイテムに見えて
実は主役の白シャツ。

Bleached denim overalls with a white shirt, a sweat-top over a crisp white collared shirt. They may look like the ones with the supporting role but the white shirt is in fact the lead role.

Denim Overall × White Shirt

ダメージデニムのオーバーオールがひと際目立つヴィンテージ調のワークスタイル。ボウタイやレザーシューズで巧みにドレスアップ。

Sweater × White Shirt

時代観の表れたほどよいストリート観が、よりファッション性を強く感じさせる。スウェットにシャツを合わせるのも非常に新鮮である。

S&S Pitti Styles

見た目にも大変色鮮やかで、涼感を感じずにはいられないピッティ・ピープルの春夏スタイル。無論、そこには下品な脱力感やだらしないカジュアルなんていうものは存在しない。ピンク、イエロー、ブルー、グリーンといったラテンなムードの漂う発色のいいヴィヴィッドカラー。トロピカルウールやサマーコットン、リネンといったシーズン素材のほかに、最近ではインディゴデニムやシャンブレーなども大変人気だ。さて、それらを使った定番のスタイルといったら、テイラードタイプのカラージャケットに抜け感のあるホワイトのトラウザーズがまず挙がるだろうが、ダブルブレステッドのジャケットやクラブジャケットに上質なTシャツや膝上丈のショートパンツの組み合わせなどは、非常に今日的で新しい。足元は、やはりくるぶしの露出が常套であって、そこにローファーやドライビングシューズが定番的。バリエーションではリゾートライクなエスパドリーユやレザーサンダル、キャンバススニーカーといったところだろう。本当の意味で、ファッションスキルが試される春夏シーズン。コーディネイトをさらに格上げさせてくれる、打ってつけのテクニックを彼らはよく知っている。例えば、肩掛けや腰巻きでのニットセーターの上手なあしらい方に、時計やブレスレットによる装飾的な腕回り、クロコダイルなどプレシャスレザーといったラグジュアリーなアイテムの効果的な取り入れ方などがそうである。

Salmon Pink × White

Sweater × White Shirt

Navy × Yellow

Floral Pants × Gray Jacket

The look of the Pitti People's Spring Summer style is packed with brilliant colors and comes with a refreshing breeze. There is no room, of course, for crass listlessness or sloppy casual. Pink, Yellow, Blue, Green; beautiful vivid colors with a Latino vibe. Apart from the seasonal textiles such as tropical wool, summer cotton, or linen, indigo denim and chambray has been very popular. When considering a basic styling with the items above, there is firstly the tailored-type colored jacket and the white trousers combo but the double-breasted or club jacket on top of a lux T-shirt and above-the-knee shorts is also very now and certainly a rarity to spot. For the feet, it's still conventional to display the ankle bone and so the loafer and driving shoes are the standard. Espadrilles, leather sandals, and canvas sneakers all serve as alternatives. The Spring and Summer are seasons where fashion skills are really put to the test. They understand how to handle items that enhances their coordination techniques. For example, the way to wrap a knit sweater around the shoulders or waist, or how to adorn the wrist with watches or bracelets, the way to effectively incorporate luxury like precious leather items into the look.

046-047

Pitti Girls

Relax Style

Stripe Gilet × Denim

Windowpane Suit

THE GENTLE WOMAN

ピッティの会場で視線を集めるのは男性陣だけでない。各メーカーの美人プレスをはじめ、女性バイヤーやジャーナリスト、ファッションブロガーの姿も。メンズアイテムをレディライクにドレスアップ。より女性らしい魅力が際立つ、大人のレディスタイル。

Blue × Stripes

Block Check Suit

Panama Hat ×Tied Up

Interview SIMONE RIGHI FRASI

シモーネ・リーギ
「フラッジィ」オーナー　インタビュー

快適に過ごせる状態でいることが
いい仕事を続ける秘訣

メンズファッションに興味がある人ならば、
きっと名前は聞いたことがあるだろうシモーネ・リーギ。
名店「タイ・ユア・タイ」に続き、
「フラッジィ」のファッション・ディレクターとして、
自然体で自由な着こなしを提案し続けている。

SIMONE RIGHI

フィレンツェを代表するメンズ・セレクトショップ「FRASI」。オーナーであるシモーネ・リーギさんは、まるで映画俳優のようにエレガントで、それでいて彼らしい個性的なスタイルを持つファッショニスタ。

世界中のファッション・スナップの常連でもある彼のインスピレーションはどこからやってくるのでしょうか。

"Frasi" is the select menswear shop leading the Florence fashion scene. Its owner Simone Righi flows with elegance like a leading actor from the silver screen; yet is a true fashionista sporting his own distinct style. He even makes regular appearances in fashion media worldwide. Where does he get his inspiration from?

Stazione di Firenze Santa Maria Centrale

Duomo

P.zad Repubblica

Pal. Vecchio

FRASI
フラッジィ

「ファッショニスタの頭の中」が再現されたお店へようこそ！

シモーネさんの美意識が詰め込まれたセレクトショップ「FRASI」。トレンドに左右されない、自由で上質な大人のファッションのヒントが、この店の空気に満ちている。

Via dei Georgofili 3r/7r, Firenze

MAP. 1

FRASI
Simone Righi

自由であること、快適であること
そしてスピリチュアルなものを
大切にすること

私は子どもの頃から創造的なことに興味があったんですが、その源の多くは、本を読むことから得ていたかもしれません。今もそうですが、子どもの頃から母の影響でよく本を読んでいたし、12歳ぐらいからは宗教の本にも惹かれました。キリスト教だけじゃなくて仏教や、イスラム教のものも。私は今52歳で、70年代に十代を過ごしたんです。その頃はいわゆるヒッピー的な文化がフィレンツェにもあって、私も自己の探求のために宗教からはじまって哲学書なども読んだりしましたね。そういう経験は、私のクリエイティビティに大きく影響していると思います。

一番最初にものづくりに携わったのは13歳か14歳の頃、ゲリラ的にジュエリーを売っているグループがあって、それに参加して仮面を作って売っていたことです。ヴェネツィア風のものだけじゃなく、色々な世界からインスピレーションを得て、自由な感性で作っていました。ゲリラ的ということで、ときどき警察と追いかけっこになったりもしましたが（笑）。とにかく、何かを作りたくてしかたがなかったし、ものを作るのは本当に楽しい仕事でした。

美術系の学校を卒業した20歳頃に、友人にシャツや靴をつくる職人がいたので、彼らと一緒に組んで何かをしようということで、ディレクションをするようになったんです。今のようなショップのスタイルになったのは、大体ここ15年ぐらいですが、自分の好きなスタイルで、フィジカルでもメンタルでも快適に過ごせる状態でやっていこうというのは、ずっと変わっていません。そしてさらに大事なのは「自由」にファッションをとらえるということ。昔は、ブルーという色は夜に着るものだったけど日中に着たっていいはずだし、ジャケットの下にポロシャツを合わせるのも、昔の感覚だったらNGです。でもそういう慣習に縛られるのではなく、自由な感性で「いい」と思ったものを、お客様にも提案し続けています。でもただ単に自由だというだけではなく、スピリチュアルなことも大切にしています。職人がひとつひとつ手で作ったものに宿る思いだとかをね。

フィレンツェは建造物をはじめ、日常的に美しいものを見て暮らすことができる街。歴史のある街だけれど、小さい頃からこの街に暮らしたことで、美しいものに対する探究心、そして新しいものも自由にとり入れる精神を育てられたと感じています。

To be free and comfortable
To value spirituality

My fascination for the creative process is something I've had since childhood, and I think that mostly originates from reading books. Under my mother's influence, I read a lot of books, and I still do. I got into religious literature at the age of twelve. It wasn't just Christian literature but also Buddhist and Islamic too. I'm fifty-two now and I spent my teenage years in the 70's. The hippy culture came to Florence also, and I too became venturing into the matter of self-exploration into philosophical literature. I think these experiences are what influence my creativity the most.

The first time I got involved in creating products was when I was thirteen or fourteen years old. There was a group that sold jewelry using guerrilla tactics and I got involved by making and selling Venetian masks for them. But I didn't just limit myself to Venetian styles and I created in my own free style drawing inspiration from worldwide. Because of our guerrilla tactics we were sometimes chased by the police (laughs) but I needed to have a creative outlet and I just loved my job.

When I was about twenty and had graduated from art school, I had a friends who were making shirts and shoes, and as we decided to get together to create something, I became the director. The simplistic style of the shop now was created around fifteen years ago, but it has always been and will continue to be a space where I can feel physically and mentally comfortable. But more importantly, the space should be a place which allows fashion the freedom to speak. Back then, the color blue was considered to be worn only at night, and wearing a polo shirt under a jacket was kind of forbidden also. But I have been and will continue to suggest to our customers what I believe is simply "good" - regardless of any social customs and such bias. I say freely without bias but it's not without keeping spirituality in mind; the spirit like that of the workmens' soul that enters every item that they create with their hands.

Florence is a city that envelopes you with beauty every day, such as its astounding architecture. I feel I developed my thirst for beautiful things as well as the spirit of freely absorbing newness, by growing up here in Florence which is a town with abundant history.

Interview
ANTONIO LIVERANO
LIVERANO & LIVERANO

アントニオ・リベラーノ
「リベラーノ&リベラーノ」オーナー　インタビュー

フィレンツェから世界へと
発信し続ける一流サルト

誰もが一度はスーツを仕立てたいと憧れる
「LIVERANO & LIVERANO」でテイラーを続ける
アントニオ・リベラーノさん。
彼が作るスーツは、着る人の体型はもちろん、
ライフスタイルにも深く関わってくるものだという。

ANTONIO LIVERANO

フィレンツェが世界に誇るサルトリア（仕立て屋）「LIVERANO & LIVERANO」のオーナーであり、マスターテイラーでもあるアントニオ・リベラーノ氏。世界中にファンを持つエレガントなスーツスタイルを完成させた彼に、これまでのこと、そしてこれからのことを伺いました。

Antonio Liverano is the owner of the famous Florentine tailoring brand "Liverano & Liverano," and also is a master tailor. He created the much loved elegant suit-style, which also has a worldwide fan-base. We asked him to share his past and future.

LIVERANO & LIVERANO

リベラーノ&リベラーノ

クラシックでエレガント、でも決して古びることのないデザイン

「LIVERANO & LIVERANO」のスーツに流れる本質は「エレガンス」。クラシックでありながら、どんな世代の人にも似合うスーツを提案し続けている。

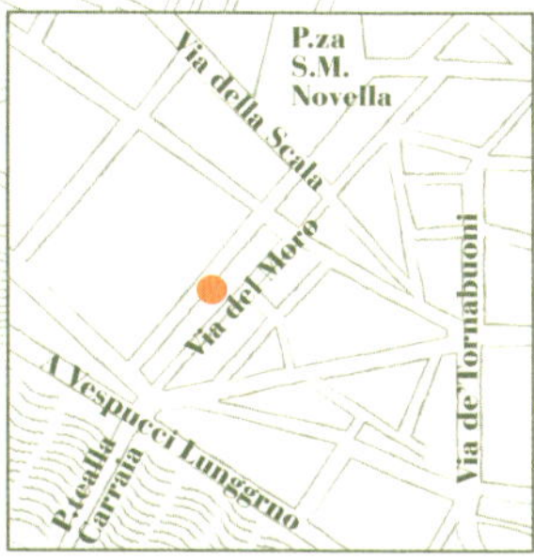

Via dei Fossi 43, Firenze

MAP.2

LIVERANO&LIVERANO

ハイファッションが生まれる街・フィレンツェは、僕の人生の全て

イタリア人は仕事しないって思っているでしょう？　僕は違うよ（笑）。僕が一番に店に来て仕事をして、いちばん最後に帰るんだ。今幾つかって？あなたには教えるけど、絶対に人に言ってはいけないよ。1937年に南イタリアのプーリアというところで生まれたんだ。12歳でフィレンツェに出てきて、すでに仕立屋として独立していた兄・ルイージのところで働き始めた。仕立屋としては60年以上働いていることになるんだね。仕立屋の仕事は大好きだよ。たぶん、好きじゃない仕事をしていたら僕は早死にしちゃうと思う。お金の計算が苦手だから、銀行員になっていたらきっと会計が合わないからって頭を抱えて早死にしていただろうな。

僕はフィレンツェ・スタイルのクラシックなスーツを作りながら、日本はもちろん、世界中のいろんな国へ出かけています。それはなぜかというと仕事をしながらさまざまな体つきの人を見ることができるから。国や地域によって体型は本当に違うし、それを実際に見ることが仕立屋としてとても勉強になっている。そういう経験は人をリッチにするんだ。好きな仕事をしているから、パッションをずっと持ち続けていられるし、もっとたくさん学びたい。あと30年40年は元気で仕事を続けなきゃいけないから、最近は大好きなワインも控えているよ。これはちょっと大変だけどね。

僕たちが作るジャケットは、肩やフロントの丸み、ウエストラインをすっきりと見せるシルエットなど、エレガントさが大きな特徴です。フィレンツェ・スタイルのスーツは世界的に見ても、もっともエレガントなものだと思う。そのことをもっと世界に伝えていきたい、その思いが僕のパッションを支えているんです。また、僕が世界中に出かけながらもフィレンツェにこだわっているのは、ハイファッションはフィレンツェから生まれているという思いがあるからなんだ。

ピッティ宮殿（かつて宮廷として使用され、現在はメディチ家のコレクションを擁する美術館）にあるサラ・ビアンカで始まったものが、ピッティ・ウオモのオリジナル。それ以来ずっとフィレンツェは、ハイファッションが生まれる場所であり続けている。だから僕は、フィレンツェから発信し続けたいんだ。

ファッションに限らず、フィレンツェは僕の人生の全て。本当に素敵な、きれいな街だと思うよ。

The city incubating high-fashion Florence is my life

I bet you think that Italians don't work? Not me (laughs). I'm the first to arrive for work and the last to leave. How old am I now? I will tell you but you shouldn't tell anyone else, all right? I was born in 1937 in a southern Italy in a place called Puglia. I came to Florence when I was twelve, and started working for my older brother Luigi who already was an independent tailor. I believe I've been working as a tailor for over sixty years now. I love being a tailor. I would most likely die prematurely if I were working in something I didn't enjoy. I'm no good with finances, so if I had been a banker I probably would've died already holding my head in my hands because the figures hadn't added up.

While I make these classic Florence-style suits, I fly to many different countries in the world, including Japan, of course. Why do I do that? Then I can observe the different types of statutes and physiques that exist around the world. There are so many different types of bodies depending on country and region and as a tailor it is truly worthwhile to actually go and study them. Those experiences are what enriches a person. Because I enjoy what I do, I can keep being passionate about it, and I want to keep studying it. I have to continue this job for another thirty, forty years so I've even started to curb my enthusiasm for drinking wine recently. This I call quite a tough job.

The primary feature of the jackets we make is the elegance expressed in the roundness of the shoulders and the front, and a silhouette that provides a neat waistline. I believe the Florence suit-style is the most elegant out of all the styles in the world. I want to communicate that to the whole world. and this desire is what keeps my passion burning. The reason why I obsess about the Florentine style despite my many travels around the world is because I believe high-end fashion originated in Florence. The original Pitti Uomo started with Sara Bianca at the Pitti Palace (the former imperial court, and now the museum that homes the Medici family collections). Since then, Florence has continued to be the birthplace of high-end fashion. That is why I want to keep transmitting from Florence. Not just for fashion, Florence is my whole life. I truly believe it is such and wonderful, beautiful city.

Interview
CALOGERO MANNINA
MANNINA

カロジェロ・マンニーナ
「マンニーナ」オーナー　インタビュー

ひとりひとりに合わせて
職人の手で丁寧に作られる靴

顧客ごとに木型を作り、世界に2つとして同じものは存在しない、完全ハンドメイドの「マンニーナ」の靴は、上質な革素材と、熟練の職人の情熱とが出会ってできあがる逸品。

CALOGERO MANNINA

上質な革を使い熟練の職人の手によって仕上げる完全ハンドメイドの靴店「Calogero Mannina」。イタリアに行ったら必ず立ち寄りたい店として、全世界のファッショニスタに知られる名店です。親方職人であり、店主でもあるマンニーナさんに、靴職人として過ごしてきた日々について伺いました。

"Calogero Mannina" is a shoe store which only sell truly handmade shoes by the hands of skillful artisans using the most best quality leather. The shop is well known among the worldwide fashionistas which one should must-visit if you are in Italy. We asked Mr. Mannina himself of his days spent as a shoemaker, who is the master craftsman as well as the shop owner.

MANNINA

マンニーナ

究極の手作り靴に出会う名店

観光地として有名なポンテヴェッキオ橋を渡ると、「マンニーナ」がある。年季をつんだ職人が選び抜いた上質革を素材に、全工程を熟練職人が作り上げている。

Via dei Guicciardini 16, Firenze

MAP.3

M
MANNINA

靴を作る工程は工房を開いた当時からずっと同じ。今でも仕事は楽しいし大好きですよ。

私はシチリアに生まれて、職人だった祖父に靴作りの技術を教えられました。父が亡くなって、母が何か手に職をつけなさいとね。7歳ぐらいの時からだったかな。その頃はシチリアにも靴の工房がたくさんあったんです。当時はまだ既製靴っていうのがない時代ですから、ほとんどの靴はオーダー。私自身が初めて、革靴を履いた記憶があるのが5歳の頃です。歩きやすいやわらかい靴ではなくて、子どもにもしっかりとした革靴を履かせるのは、イタリアならではの伝統なのかもしれません。

同郷の人にフィレンツェで仕事をすればいいじゃないかとすすめられてね、17歳ぐらいからフィレンツェに来て、しばらくは別の工房で働いていました。今のお店を開いたのは23歳の時です。お年寄りの靴職人が工房を構えていた場所で、ここを売ってくれないかと交渉して、そのまま自分の工房にしたんです。当時はこの界隈にも、靴屋がたくさんあったんですよ。最初はアメリカの方がよくオーダーにいらっしゃいましたね。観光客とか、学生さんも。日本では、ジャーナリストの松山猛さんが『BRUTUS』という雑誌で紹介してくれて有名になったみたいですね。松山さんは今でも毎年いらしてくれますよ。

靴を作る工程は工房を開いた当時からずっと同じ。お客さんひとり一人に合わせてラスト（木型）を作り、型紙を起こして、材料を選んで裁断する。革を伸ばし、縫製して、靴底を付けて仕上げをする。

今でも仕事は楽しいし大好きですよ。90歳ぐらいまでは続けていきたいと思っています。たくさん仕事がありすぎるのも困るんだけどね（笑）。

毎日どうやって過ごしているか？ この歳になるともうあまり冒険はしないですね。工房の向かいに住んでいるから、7時半に起きて、8時からはずっと仕事。バールにも行きますよ。お気に入りはヴェッキオ橋のすぐ近くの「オープンバール」。日曜日は特別に、少し離れた顔見知りのバール「ペルセオ」に行きます。フィレンツェは小さな街だけど美術館があって、古い建築もあって、ファッションも産業もあって、他にはない街だと思っています。よく「昔はよかった」なんて言うけど、この街に限っていえば、昔よりさらによくなってるんじゃないかなと思いますよ。

さて、それじゃあ工房を見学されますか。その前に、いつものバールに寄ってからね。

※カルジェロ・マンニーナ氏は2014年9月28日、78歳で永眠されました。謹んでご冥福をお祈り申し上げます。
（本インタビューは2014年6月17日に行われました）

The shoemaking process has never changed since I opened this factory. I still enjoy my work and truly love it.

I grew up in Sicily and learned shoemaking techniques from my grandfather. It was my mother who advised me to have a hands on skill when my father passed away. I guess it was when I was seven years old or so. There were many shoemaking factories in Sicily back then, and most shoes were all order made as no ready made shoes really existed. My first personal memory of wearing leather shoes was when I was five years old. The tradition of making children wear proper leather shoes and not comfortable soft ones might be in Italy only.

Someone from my hometown suggested me to work in Florence, and I came here when I was seventeen, and for a while was working at another factory. I opened this shop when I was twenty-three. An old shoemaking craftsman had his factory here, and I asked whether he could sell the place to me, and turned it into my factory as is. There really were quite some more other shoemakers around this area back then. We used to have many orders from America. Many tourists and students as well. I heard we came popular in Japan as well after journalist Takeshi Matsuyama introduced us on a magazine called BRUTUS. Matsuyama-san still visits us every year.

The shoemaking process has never changed since I opened this factory. I make the last (wooden mold) for every each customer, make the pattern out of it, choose the materials and cut. Then I stretch the leather, sew, and attach the shoe sole and do the finishing. I still enjoy my work and truly love it. I want to continue until I reach the age of about ninety. Well, perhaps not too much work and just enough, hopefully (laughter).

How I spend my everyday? I don't do much ventures since I've reached this age now. I live just across the street from this factory, so I wake up at half past seven, and work all day from eight o'clock. I do go to bars as well. My favorite is the Open Bar close to Ponte Vecchio. I go to another little far but familiar bar called Perseo, especially on Sundays. I think Florence is an special place, as it has a museum, historical architectures, fashion and other industries, despite its small size. We often hear sayings as "the good old days," but speaking of this city, I believe it will always be better than the old days.

So, would you like to see my factory?

Let's stop by at my favorite bar before that.

※ Mr. Calogelo Mannina passed away at the age of 78. We pray respectfully for his soul.
(This interview was conducted in 2014 June,17th)

Interview
GIUSEPPE FANARA
Il Bussetto Firenze

ジュゼッペ・ファナーラ
「イル・ブセット フィレンツェ」オーナー　インタビュー

伝統工芸品に付き合うと
作る楽しさが見えてくる

フィレンツェの伝統工芸である革製品を、
昔からの製法で守り続けている「イル・ブセット」。
ブセットとはこのお店の製品に特徴的な、光沢を出す工具のこと。

GIUSEPPE FANARA

使いこむほどに色が味わい深く変化していく「IL Bussetto」の革小物。上質なイタリアンレザーを使用し、イタリアに古くから伝わる革加工技法で縫い目のないエレガントな小物たち。何世紀も経た技術を引き継ぐ職人のジュゼッペ・ファナーラさんに仕事と革の魅力について伺いました。

Il Bussetto items continue to enrich their gracefully colors the longer you continue to use. These elegant small leather items are made from the finest of Italian leather, and traditional Italian leatherworking techniques showing no visible stitches. We asked Giuseppe Fanfara, who is an artisan and inheritor of the many centuries of leatherworking techniques, about his work and the the wonders of leather.

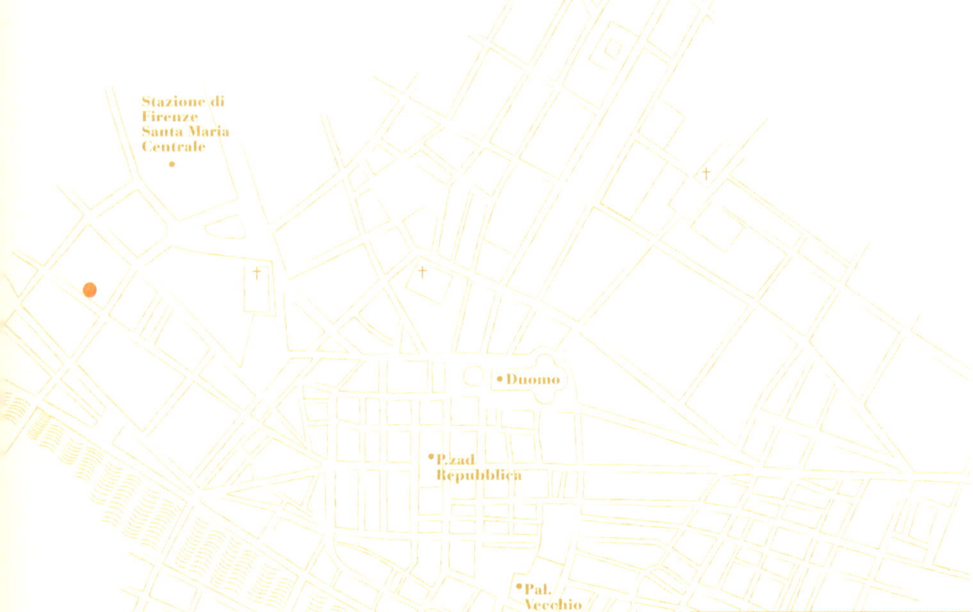

Stazione di Firenze Santa Maria Centrale

Duomo

P.zad Repubblica

Pal. Vecchio

IL Bussetto Firenze

イル・ブセット・フィレンツェ

トスカーナに伝わる伝統技術から生まれる、鮮やかな革製品たち

イタリア産の厳選された革を使用して作られる「イル・ブセット」の小物たち。植物性タンニンを使用した伝統的な手法によって、使いこむほどにアンティークカラーになるのが魅力。

Stazione di Firenze Santa Marid Novella Centrale.

Via Orti Oricellari

S.M. Novella

Via Palazzuolo 136r, Firenze

MAP.22

Il Bussetto

この仕事に必要なのは器用さではなく、製品ができあがる時間に付き合う忍耐強さ。

この仕事を始めたのは、あんまり勉強したくなかったから（笑）。イタリアでいう中学校を終えて、高校に進んだんだけど、勉強より仕事がしたかった。好きなバイクも買いたかったしね。

家の近くに4〜5人でやっている革製品の工房があって、そこに弟子として入って。最初からすごく決心してこの道に入ったわけじゃないんです。少しずつ製品ができあがる行程がわかってきて、最初から最後までできるようになって、これを全部自分で作ったんだっていえるようになると「作る面白さ」がわかってきた。まあ、本当に好きじゃなかったらこの歳まで続けられませんね。

もともと手先が器用なわけじゃないし、美的な才能があったわけじゃない。子どもの頃はサッカーばっかりやっててね。

でもこの仕事に必要なのは器用さじゃなくて、製品ができあがる行程に付き合う、根気強さと忍耐力なんです。

例えば、この革は前日に水に漬けて、一晩新聞紙にくるんで伸ばします。そこで濡らしすぎてもいけないし、いい具合の乾燥がどこかというのも見極めなければいけない。準備と計算、そして、時間がかかる行程もじっとがまんできる忍耐力、ですね。接着させるノリもすぐになじませてはダメ。なじませる時間が必要なんですが、そういう待ち時間がすごく多い仕事だと思います。天気に左右されますしね。

まず一つ目に何か買うのであれば、おすすめの色はボルドーです。微妙にムラがある染め方をしてるんですが、それがマーブルのような感じですごく美しく出るんです。フィレンツェはマーブルの紙も有名ですが、そういう点でも、フィレンツェらしい色かな。

フィレンツェは、決して大きな街ではない、私にとってちょうどいい街です。人とのつながりもあってね。ヴェッキオ宮殿なんて歴史的な建物もすごく身近ですし。ミケランジェロ広場にすごく眺めのいい庭があって、人があまりいない時間にそこで過ごす時間が大好きです。親しみやすさの中に、ひっそりとした美しさを隠している街なんです。

そうそう、ここから少し行ったところにある「ピッチョーリ」ってバールに毎日行っていますよ。すごく美味しいから、時間があったら寄ってみてください。今日はクレミーノっていうカスタードの入った菓子パンがありましたよ。ここのお菓子はこの界隈でいちばん！

Not dexterity is needed for this job
Perseverance towards time needed for product completion is

The reason why I started this job was because I didn't want to be in school (laughs). I finished middle-school education and went onto to high-school, but I wanted to work more than study. I also wanted to buy my favorite bike, you know.
There was a leather factory near my house ran by 4-5 people close to my home, so I became an apprentice there. I wasn't that much sure of taking this career when I started. It was only after I could finally create a product from start to finish that I began to understand "the joys of creating." I'm still doing it now, which I think proves I do quite truly love it.

I wasn't that much especially skillful with my hands, nor had any specific talent in the arts. I actually was playing soccer all the time when I was a child.
What you really need in this job is not dexterity, but persistence and perseverance to be able to accompany the product for the whole length of its journey. For example, this leather here was soaked from the day before, wrapped in newspaper for a night, and then stretched out. You have to make sure it doesn't get too wet, and also have to be able to pinpoint where the leather has dried just right. It's all about preparation, calculation, and perseverance to see through the time-consuming process. Even the glue can't be applied immediately. Time is needed for the product to get accustomed first, and there is a huge amount of waiting time involved in this job. The weather also affects everything we do.

If you are looking to buy something for the first time, I recommend the bordeaux color. It is dyed slightly unevenly but this gives it a very beautiful look of a marble. Florence is also famous for the marbled paper, so I think in that sense it is a true Florentine color.

Florence is definitely not a big town and so it's just right for me. I like the connections we have between people here too. It even has grand historical buildings like the Vecchio palace just a stone's throw from here. There is a garden with a magnificent view in the Michelangelo Plaza and I just love spending time there when it's quiet. Florence is a city that quietly reveals its hidden beauties within an intimate setting. Ah! A little distance from here, there is a bar called Piccioli I go to everyday. If you have time you must stop by because it's delicious there. Today they had a custard-filled bun called cremino. The treats they serve are the best in the hood!

City break
Florence

Piazza della Repubblica

フィレンツェの中心に位置するレプッブリカ広場の
シンボル的存在のメリーゴーランド。
昼間は子供たちがはしゃぐ姿を横目にベンチに座り、
行き交う人々を眺めるのも楽しい。夜になると
メリーゴーランドの灯りが光を放つ。ディナーの帰り道、
広場の前の老舗バール「ジッリ」で一杯。ほろ酔いで眺める、
幻想的な美しい夜のひとときは大人の贅沢な旅時間。

Emblema

街中が美術館と言われる、古都フィレンツェ。
歴史ある建造物には数々の美しい紋章の
彫刻作品が飾られていて、思わず目を奪われる。

Cappelle Medicee

**サン・ロレンツォ聖堂に
付属するメディチ家の礼拝堂**

ルネサンスの時代、街を支配したメディチ家の紋章も街のあちこちで見ることができる。紋章の真ん中に並ぶ丸い球体は名前の由来とされる「薬」。丸薬はメディチ家のルーツとなる薬屋からきているといわれていて、紋章によって球体の数もバラバラ。6個だったり、5個だったり、11個だったり。それぞれ微妙にデザインが違うので比べてみるのも面白い。

石畳のマンホールの蓋も
百合の紋章のデザイン

Giglio

百合の紋章

フィレンツェの街のシンボル、百合の紋章。百合は多産や繁栄の象徴の意味から、多くの貴族に愛され、紋章のモチーフとしてよく使われている。が、他の百合の紋章が花びらだけのシンプルなデザインに対して、芸術の都、フィレンツェの百合はほかとちょっと違う。よく見ると左右に上に伸びたおしべつき。そんなディティールへのこだわりもフィレンツェらしい。

Travel Note

City Break in Florence

SHOP PING

ピッティを訪れるなら、
フィレンツェの街の魅力にも触れてみたい。
伝統と最先端のモード、
ファッションが交差する街、フィレンツェでは
いったいどんなショッピング体験が
楽しめるのだろうか?

EREDI CHIARINI
エレディ・キャリーニ

Via Roma 16r, Firenze

フィレンツェの老舗セレクトショップ。クラシック・スタイルを受け継ぎながらも独自のセレクトのセンスが光る名店。1884年の創業当時は、生地や糸など素材を扱うお店として開業し現在のオーナーは3代目。日本でも人気の高いINCOTEX（インコテックス）の豊富な品揃えは圧巻。他にもイタリアの主力ブランドが所狭しと並ぶほか、評判のオリジナルブランドも。

MAP.4

MILORD
ミロルド

Piazza Strozzi 12, 13r, Firenze

フィレンツェ有数の商品ラインナップを誇るセレクトショップ。ボリオリ、サントーニ、ロダ、ヤコブ・コーエンなどおなじみのブランドを展開していて、洋服を絵画やアートのように美しく見せるディスプレイが楽しい。特にPT01の品揃えは素晴らしく、入口には今シーズンのPT01のテーマが提案されている。

MAP.5

FLOW
フロウ

Via dei Vecchietti 20, Firenze

イタリアブランドを中心にアメリカ・フランス・日本などのカジュアルブランドを独自のスタイルで提案しているセレクトショップ。幻想的なインテリアが魅力で、特にピッティ期間中のウィンドウ・ディスプレイは見応えあり。

MAP. 6

-PN\P
ピーエヌピー

Via Santa Margherita 2r, Firenze

イタリアの最先端モードを取り扱うトレンドセレクトショップ。ショップスタッフは、ファッション誌から抜け出てきたかのよう。グレイッシュな店内には日本未入荷のブラック＆ホワイトの前衛的なレザースタイルや、エッジの効いたアクセサリーなど個性的なアイテムが揃う。

MAP. 7

LUCIANO
ルチアーノ

Via Por Santa Maria 10r, Firenze

伝統的な製法で作られる老舗革手袋の専門店。オリジナルの手袋はデザインだけで数十種類、色やサイズを合わせれば100を超える。上質のスキンを使ったグローブは手に吸い付くような、最高の肌触り。デザインは定番ものから最新モードまで幅広く、サイズ展開も充実しているので、自分にぴったりのサイズが必ず見つかるのが嬉しい。手袋の他にもメンズのストールもあり、値段も手頃なのでお土産にも。

MAP. 8

BORSALINO
ボルサリーノ

Via Porta Rossa 40r, Firenze

帽子好きなら一度は憧れる、極上のボルサリーノは紳士的なイタリアン・スタイルの象徴的存在。お店のスタッフは誰にでも必ず似合う帽子があると豪語するが、確かに、顔かたち、頭のサイズをパッと見て、帽子の山からぴったりのひとつを見つけてくれる。その完璧かつ官能的なフォルムの緊張感は、大人のお洒落の醍醐味。ピッティ・ピープル達の愛用率ナンバーワンのハットだ。

MAP. 9

FALIERO SARTI

ファリエロ サルティ

Via della Spada 24r, Firenze

フィレンツェに本店を構えるファリエロサルティ。メゾンブランドの生地生産も手がけている老舗テキスタイルは独特な風合いがあり、そのリュクスな手触りを一度体験したら、他のものに浮気できなくなるかも。ずらりと壁に横並びにディスプレイされているストールと並んで、本店では日本には未入荷の洋服のコレクションも揃う。値段は多少張るけれどストールマニアなら買わずにはいられない危険なショップ。

MAP. 10

G.B. FRUGONE 1885

ジー・ビー　フルゴーヌ1885

Via delle Belle Donne 35r, Firenze

イタリア国内で展開するカシミアニットの専門店。極上のカシミヤ独特のしっとりと吸い付くような、しなやかで繊細な肌触りがたまらない。ニットのデザインはどれもシンプルだけど、ポンチョやニットキャップなどの遊びアイテムも揃う。大人カジュアルにはずせない品の良いベージュ系カラーの種類が多く並んでいるのも嬉しい。普段着をさりげなく格上げしてくれる、冬のお洒落が楽しくなる一枚が見つかるはず。

MAP. 11

MICHELE NEGRI

ミケーレ・ネグリ

Via Roma 24r, Firenze

パリコレのランウェイを歩いていたナポリ出身の元モデルがオーナー。イタリアン・クラシックを代表するセレクトショップで、数多くの新ブランドを地元のフィオレンティーナ達に届けてきた名店。

MAP. 12

GERARD

ジェラルド

Via Sassetti 16r, Firenze

1969年創業の老舗セレクトショップ「ジェラルド」。フィレンツェのトレンドリーダーとして、そしてイタリア国内でもトップクラスのショップ。名だたるブランドのツボを得たセレクトアイテムと並んで、オリジナル商品も人気。全てイタリア国内の一流ファクトリーで生産している。デザイナーのパオロ・ペッキオーリは俳優業もこなし、ショップは彼を慕うファッショニスタでいつも賑わう。

MAP. 13

LUISA VIA ROMA

ルイーザ・ヴィア・ローマ

Via Roma 19/21r, Firenze

世界的なラグジュアリーブランドから新進クリエイターブランドまで様々なアイテムを揃える、国際的にも知名度の高い有名セレクトショップ。斬新でアーティスティックなウィンドウ・ディスプレイは一見の価値あり。「ピッティ・ウオモ」の主催者「ピッティ・イマジネ社」と連携し、ピッティの見本市会期中には、様々なパーティーやイベントが開かれる。ピッティ・ウオモ期間中にどんなディスプレイが施されるのか、世界中のバイヤーやプレスたちが注目している。

MAP. 14

SUTOR MANTELLASSI

ストール・マンテラッシ

Via della Vigna Nuova 62r, Firenze

1912年、マンテラッシ家の靴職人であるエットーレ氏とエネア氏によって、フィレンツェの小規模工房からスタート。ラテン語で「腕利きの靴修理人」をあらわす「ストール」をブランド名に冠した紳士靴ブランドで“スクエアトゥ”の元祖でもある。クラシコ・イタリア協会の会員であり、ハンドメイドの高い品質によって、海外へもその名が知れ渡っている。

MAP. 15

STEFANO BEMER
ステファノ・ベーメル

Via San Niccolò 2, Firenze

1998年に創業した、ヨーロッパで5本の指に入るフィレンツェの天才靴職人ステファノ・ベーメルの工房兼ショップ。その腕前とセンスは革の魔術師といわれたほどだったが、ステファノ・ベーメル氏は2012年48歳という若さで他界。その後2013年1月にフィレンツェの革製品職人育成学校Scuola de Icuoioがブランドを買い取り、氏のDNAを受け継いだ弟子たちと共に移転、再スタートした。1階はショップ、2階はオーダーサロン、3階はハンドメイド紳士靴作りの育成学校兼工房となっている。

MAP. 16

ステファノ氏の靴の最大の特徴は素材の豊富さ。牛や馬、クロコダイルやヤギなどはもちろん、オーストリッチや象、カバ、サメなど、皮革製品として貴重な素材も用いている。店内に入ると正面にはスミズーラのアトリエスペースがあり、靴好きにはたまらない空間。

Travel Note

City Break in Florence

RELAX & LIFE STYLE

フィレンツェは歴史のある落ち着いた街。
ここに住む人、訪れた人は皆そう話す。
ただし、古いだけではなく、
いまの暮らしにフィットしたものを
生み出しているのも、フィレンツェの魅力だ。
彼らのライフスタイルを支える
ショップを覗いてみよう。

DR.VRANJES
ドットール・ヴラニエス

Via della Spada 9r,
Firenze

医学博士のヴラニエス ヴェ氏が開発したフィレンツェのフレグランスブランドで、今もフィレンツェにあるラボから香りを生み出している。白い石造りが目を引く店では、カウンセリングを受けながら商品を選ぶことができる。特にフィレンツェの高級ホテルも使用しているルームフレグランスには定評があり、香りの街・フィレンツェを体現するお店。

MAP. 17

UB
ユービー

Via dei Conti 4r,
Firenze

ヴィンテージ家具やアンティーク雑貨を扱うインテリアショップ。店内はありとあらゆる国や文化を象徴するもので溢れている。店内の奥に整然と置かれた70年代の希少なヴィンテージ壁紙は圧巻。商品はほぼ1点ものなので、気に入ったものがあったら手にとった方がいい。ディスプレイに使えるものも多く、ハイセンスなショップの人びとも集う。

MAP. 18

SANTA MARIA NOVELLA

サンタ・マリア・ノヴェッラ

Via della Scala 16r, Firenze

世界最古の薬局として800年もの歴史を誇るサンタ・マリア・ノヴェッラ。「香りと癒し」のドミニコ修道会の教えを基に発展させたフレグランスは「香りの芸術」とも称され、現在も伝統のレシピで作り続けられている。扉を開けると、そこには修道院内部の教会として使われていたスペースが当時の面影そのままに残され、その建築美術を見るためだけでも訪れる価値があると感じさせてくれる。至る所にドミニコ修道会の紋章が飾られているのは、癒しの思想が世紀を越えて受け継がれている証。伝統の香りの世界を体感できる、フィレンツェの名所。

MAP.19

Goods As Gift

SANTA MARIA NOVELLA
サンタ・マリア・ノヴェッラ

センスの良い大人のお土産No.1。年齢性別関係なく誰にあげても喜ばれる。初めてこのポプリを嗅いだら、その高貴な香りに驚くはず。

MAP.19

ポプリ €14

GUCCI MUSEO
グッチ・ミュゼオ

ここでしか買えないロゴ入りモノグラムのトートバッグは希少価値あり。グッチ美術館1Fのギフトショップにて販売。

MAP.20

ミニトートバッグ €40

IL BUSSETTO FIRENZE
イル・ブッセット・フィレンツェ

店名にもなっている、ブッセットという鉄の道具で磨き上げられた艶のある革と独特の丸いフォルムが手によく馴染み、鮮やかな色も目をひく、お洒落なコインケース。

MAP.22

コインケース　Sサイズ €35～

ERBARIO TOSCANO
エルバリオ・トスカーノ

オーガニック栽培のトスカーナ産プロダクツが揃うショップ。ブラックペッパーの名を冠したフレグランスは、男性的でスパイシーな、官能的な香り。

MAP.21

PEPE NERO　フレグランス €48

CELLERINI
チェレリーニ

ヨーロッパ中から厳選した高級牛革のみを扱い、丁寧に手作業で作り上げられる。耐久性が高くビジネスマンに人気。

MAP.23

カードケース €37

※価格情報は2014年6月時点のものです。

Travel Note

City Break in Florence

EAT

フィレンツェのグルメは面白い。
食道楽の人が多いのか、
ちょっとした食事やカフェタイムにも
楽しみが見いだせる。
フィレンツェっ子が愛する、
こだわりの食を提供してくれる場所も、
ぜひ訪ねてみてほしい。

'INO
イーノ

Via dei Georgofili 3r/7r, Firenze

歯ごたえのあるトスカーナパンを使ったこだわりのパニーノに合わせるのは、トリュフ入りのペコリーノチーズや、モルタデッラ（ハム）、タプナード、モレーノ・チェドローニのジャムなど、オーナーがイタリア中から厳選したこだわりの食材。すべてオーダーが入ってから作ってくれるのもうれしい逸品。

MAP.24

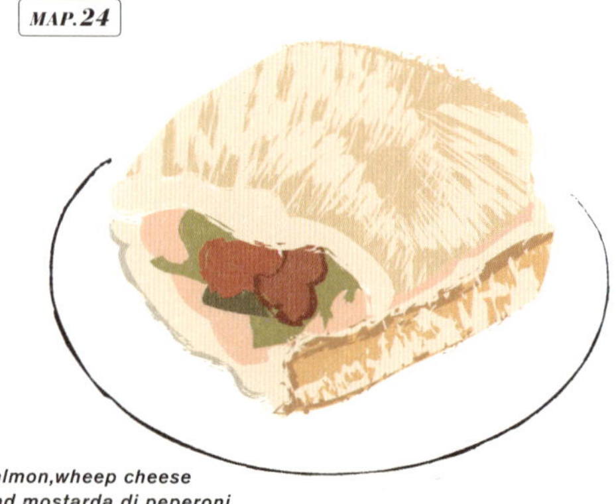

salmon,wheep cheese
and mostarda di peperoni

lampredotto

POLLINI
ポリーニ

Via dei Macci, Firenze

フィレンツェ名物のB級グルメ、ランプレドット。メルカートチェントラーレ1階の「NERBONE（ネルボーネ）」をはじめ名店も多い。サンタンブロージョ広場の角の「POLLINI」も地元民で賑わう人気店。内蔵全体を使用するランプレドットは見た目よりもあっさりしていて、ガーリックが効いた塩味にバジリコが絡んでなんとも美味。パンにはさんでパニーノとしていただくのも人気だが、バスケッタ（簡易皿）に入れてもらって赤ワインとともに味わうのがおすすめ。

MAP.25

CANTINETTA DEI VERRAZZANO
カンティネッタ デイ ヴェラッツァーノ

Via dei Tavolini 18/20r, Firenze

ワイナリーを持つヴェラッツァーノ家の直営のエノテカ。カフェも併設されていて、一緒に右手がカフェ、左がワインバーになっている。 パンやドルチェも美味しいがここでは窯で焼き上げるフォカッチャを。種類豊富なフォカッチャはショーケースから選ぶと石釜で暖めてくれる。店の自慢のオリジナルのキャンティワインを気軽にグラスでオーダーできるのも嬉しい。

MAP.26

zucchini and mozzarella

PERCHE NO!

ペルケ・ノ!

Via dei Tovolini 19r, Firenze

ジェラート、グラニータ、セミフレッド、ソルベッティの4種類、75種類のフレーバーは季節に合わせたものが並ぶ。人気を誇るのは、「ピスタキオ（ピスタチオ）」と「ノッチョラ（ヘーゼナッツ）」。ショウガ、バラ、ゴマ蜂蜜、柿などの珍しいフレーバーや30種類前後の自家製フレーバーが揃う、地元フィレンツェ市民に愛されるジェラテリア。

MAP.27

GROM

グロム

Via del Campanile 2r, Firenze

最高級のフレッシュミルクやピスタチオ、ヘーゼルナッツ、バニラなどこだわりの食材を、添加物をいっさい加えず贅沢に使用したリッチな味わいのジェラートで、イタリアスローフード協会認定のお店。フルーツも新鮮な旬のものをたっぷり使っていて、月毎に違うフレーバーが楽しめる。

MAP.28

VESTRI
ヴェストリ

Piazza Gaetano Salvemini 11r, Firenze

カカオの香りを存分に楽しむことができる、口どけの良いヴェストリのチョコレート。自社農園のカカオを100%使用し、ピスタチオやブラッドオレンジ、アーモンドなど、カカオ以外の素材もナチュラルで質の高いものにこだわっている。店頭ではジェラートも販売しているほか、寒い冬に登場するホットチョコレートも人気。

MAP.29

EDOARDO
エドゥアルド

Piazza del Duomo 45r, Firenze

トスカーナ全体で初めてBioマークを取得したジェラテリア。店名は息子のエドアルドから。皮もまるごと入ったシャーベットは季節の新鮮なフルーツ、材料の卵や牛乳も全て自然農法で育てたものを使用している。その場で焼かれる香り高い手焼きコーンは格別。いつもはカップ派の人もここではぜひコーンで。

MAP.30

PROCACCI
プロカッチ

Via Tornabuoni 64r, Firenze

トルナブォーニ通りに構える1885年創業の老舗高級食材店。クラシックな店内には席が用意されていて軽食をとることも。お目当ては店自慢の名物白トリュフクリームをたっぷりとはさんだパニーノ“Panini tartufati”。一口サイズの上品なパニーノはトリュフの香りが口いっぱいに広がり、プロセッコと一緒に優雅なおやつタイム。特製トリュフクリームやプロカッチオリジナル調味料も購入できる。

MAP.31

caffe shakerato

cannolo

SCUDIERI
スクディエリ

Piazza San Giovanni 19r, Firenze

ドゥオーモ広場、サン・ジョバンニ洗礼堂の対面にあるカフェ。夏にはシェーカーを使ったイタリア式アイスコーヒー、カフェ・シェケラートを。甘めがお好みであればリクエストでチョコレートソースも加えて仕上げてくれる。ショーケースには季節ごとのドルチェが整然と美しく並び、映画ゴッドファーザーで有名なイタリア・シチリアの伝統菓子カンノーリも美味しい。

MAP.32

自家製サングリアを作っ
ていた熟年カメリケーレ。
目分量で作るレシピは彼
しかつくれない味。

GILLI

ジッリ

Via Roma 1r, Firenze

レプッブリカ広場にある1733年に開業した創業約280年の歴史的老舗カフェ。多くの文化人に愛された店内は、かつてのフィレンツェベルエポック時代のまま。朝7時30分から営業しており、地元っ子から観光客まで一日中賑わっている。カフェやアルコール一杯だけならカウンターでさっと気軽に立ち飲みが基本。キメ細やかで香り高いカプチーノ、エスプレッソは本場を見習って、砂糖をたっぷり入れて。朝食に利用するならカプチーノとクリーム入りのコルネット・コン・ラ・クレマを。朝は焼き立てに出会える可能性が高く、たっぷり詰まったクリームのズシリとした重さが最高。

MAP.33

Aperitivo

イタリアの粋な習慣、アペリティーボ。
日が落ちるのが遅いイタリアでは、ディナーの開始は20時、21時が一般的。
仕事帰りにバールにふらりと立ち寄ってから家路についたり、
待ち合わせてレストランに向かったり。どこのバールも夕方からディナータイム前の
時間帯はカウンターにおつまみが並んでいて、軽く腹ごなしもできる。
「セラータ＝夕方から夜にかけてのひと時」の、なんとリラックスできて奥深いこと。
ゆったりとした時間が流れるアペリティーボで長夜のはじまりを愉しみたい。

CAFFE GIACOSA ROBERTO CAVALLI

Via della Spada 10r, Firenze

MAP.34

L'ART BAR
アート・バー

Via del Moro 4r, Firenze

フィレンツェでカクテルを飲むならココ、という知る人ぞ知るバール。ミントをたっぷり使ったモヒートや、大きくカットされた旬のフルーツが、グラスから零れ落ちそうなほど飾られたフルーツカクテルは何とも芸術的。オーダーしてから少々時間がかかるのは、丁寧に生の果汁を絞り、すり鉢でハーブを擦っているから。ひと口飲めば、本物の味に驚くだろう。宝石のようななカクテルを前に会話もはずむ。

MAP.35

LE VOLPI E L'UVA
レ・ヴォルピ・エ・ルーヴァ

Piazza dei Rossi 1r, Firenze

店内の壁面棚には種類豊富なトスカーナワインが並ぶエノテカ。日本では貴重な一本も、グラス1杯からオーダー出来る。ワインと一緒に軽くつまむなら、クロストーニを。クロストーニ・コン・サルシッチャ・アル・タルトゥファート（トリュフ風味のサルシッチャのせクロストーネ）は一番人気の看板メニュー。

MAP.36

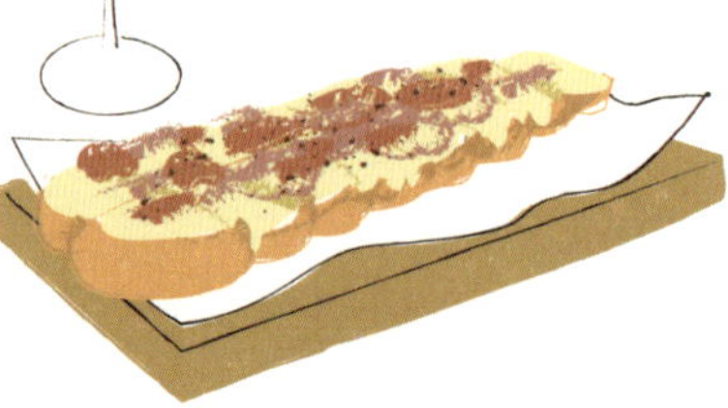

SE・STO ON ARNO
セスト・オン・アルノ

Piazza Ognissanti 3, Firenze

フィレンツェの旧市街にある5ツ星ホテルWestin Excelsiorの屋上展望レストラン。レストラン側とアペリティフ側とに分けられていて、アペリティフの席からはフィレンツェのシンボルであるドゥオーモのライトアップを楽しめる。パノラマに広がる夜景を一望できる極上のひとときは、最高の旅の思い出になるはず。

MAP.37

IL BORRO TUSCAN BISTRO
イルボッロ・トスカンビストロ

Lungarno Acciaiuoli 80r, Firenze

2013年にアルノ川沿いにオープン。サルヴァトーレ・フェラガモの御曹司が十数年前に七つの村を買い取って始めたトスカーナワイナリー発のワインバー。村の名前であり、ワイナリーの名である「イル・ボッロ」オリジナルのワインは持ち帰りも可能。オープンキッチンの店内はヨーロピアンスタイルのモダンなインテリアで、アペリティーボからディナーまで賑わう人気店。

MAP.38

Cheese Platter

Buon Appetito

昔ながらのトラットリアから最旬リストランテまで、
初めて訪れた10年前に比べたら、とにかく素敵なお店がたくさん増えた。
特に創作イタリアンはフィレンツェでも人気が高く、
美味しくてお洒落なお店は連日予約でいっぱい。
その一方で昔ながらの老舗のトラットリアもやはりはずせない。
地元の常連客の賑わいは、フィレンツェにいることを実感させてくれる。

TRATTORIA CAMMILLO

Borgo S.Jacopo 57r, Firenze

MAP.39

SOSTANZA

ソスタンツィア

Via del Porcellana 25r, Firenze
tel 055-212691

伝統トスカーナ料理、肉全般がおすすめの老舗トラットリア。人気メニュー、ポッロ・アッラ・テガーメ（鶏の胸肉のバター風味）は濃厚な味が美味。そして誰もがオーダーするのはこの店の名物料理、アーティチョークのオムレツ。たっぷりのオリーブオイルで揚げ焼きしたふわふわの生地、アーティチョークは香ばしく中央は超半熟。このオムレツの右にでるものはないと思える、至福の一皿。

Tortino di carciofi

RISTORANTE
BUCA DELL'ORAFO

BUCA DELL'ORAFO

ブーカ・デッロラフォ

Via dei Girolami 28r, Firenze
tel 055-213-619

ヴェッキオ橋のたもとにある穴倉のような小さなトスカーナ料理のレストラン。味わい深いおばあちゃん直伝のフィレンツェ家庭料理が食べられる名店。名物のビステッカ・アッラ・フィオレンティーナはお腹を空かせて是非オーダーしたい。陽気なお親父カメリエーレが切り分けて給仕してくれるのも楽しい。自家製手打ちパスタは評判。ラグーソースは一般的にはパルミジャーノをふりかけるところがペコリーノなのがトスカーナ風。店内はあまり広くないので早めに予約を。

MAP.41

Bistecca Chianina

GARGANI
ガルガーニ

Via del Moro 48r, Firenze
tel 055-2398898

ガルガーニのコンセプトは「クチーナ・エスプレッサ」。素材の味を十分に引き出す、最短加熱調理法。プリモの看板メニュー、スパゲッティーニ・アッラ・ボッタルガはふんだんに使われたカラスミをオリーブオイルと乳化させてとろみをつけた絶品ソース。メインはカメリエーレおすすすめの子牛のスカッロピーネ・アボカドソースを。トリュフを隠し味にしたクリームソースは風味豊かなまろやかな味わい。

MAP. 42

Spaghettini alla bottarga

4 LEONI
クアトロ・レオーニ

Via dè Vellutini 1r, Firenze
tel 055-218562

1550年開業という老舗で、地元の伝統的なトスカーナ料理をメインにするトラットリア。洋梨のフィオケッチィとチーズを絡めたアスパラガスはファンの多い一品。スティーゴリというトスカーナの手打ちパスタやフィノッキオ（ウイキョウ）入りのサラミなどのトスカーナ名物をワインと共に。ピッティ宮殿が近いサント・スピリト地区にあり、レストランが面するパッセラ広場も訪れる価値のある広場だ。気候の良い季節には是非テラス席で食事とフィレンツェの雰囲気を共に楽しんで欲しい名店。

MAP. 43

Fiocchetti di pera in salsa di taleggio e asparagi

ORA D'ARIA
オーラ・ダリア

Via dei Georgofili 11r, Firenze
tel 055-200-1699

近年オープンし、ミシュラン1つ星を獲得したモダントスカーナ料理の有名店。ネオ・イタリアンとしても知られており食通も足を運ぶ。1Fフロアのキッチンは実験室のラボのようなつくりでガラス張りのオープンキッチンになっている。そのラボキッチンから作られる料理をテーブルにサーブするのもシェフ。伝統料理の多いフィレンツェでは珍しいスタイルであり、洗練された繊細な料理は、新しい味を体験させてくれる。

MAP.44

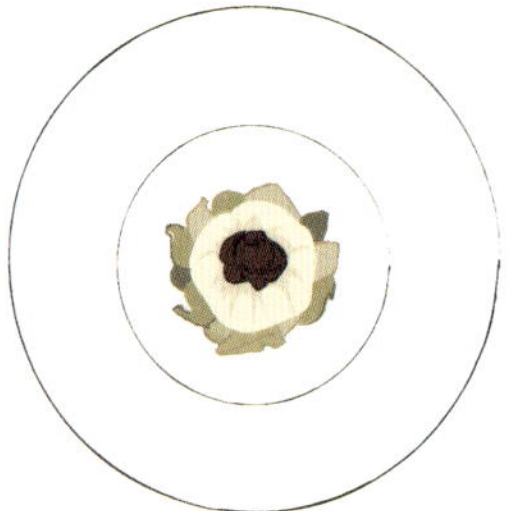

Uovo en meurette al chianti, carciofini e tartufo

IL SANTO GRAAL
イル・セント・グラール

Via Romana 70r, Firenze
tel 055-2286-533

若きシェフが作りだす独創的なイタリアン。食べてみるまでわからない、目隠しをして食事をするという前衛的なイベントも行っており、様々な角度から食へのアプローチをしている。メニューは15ユーロ前後からあり、気軽に色々な料理を楽しむことも出来る。ピッティ開催期間中は連日パーティーの貸切りが続く、ピッティ・ピープルたちにも熱く支持されているリストランテ。

MAP.45

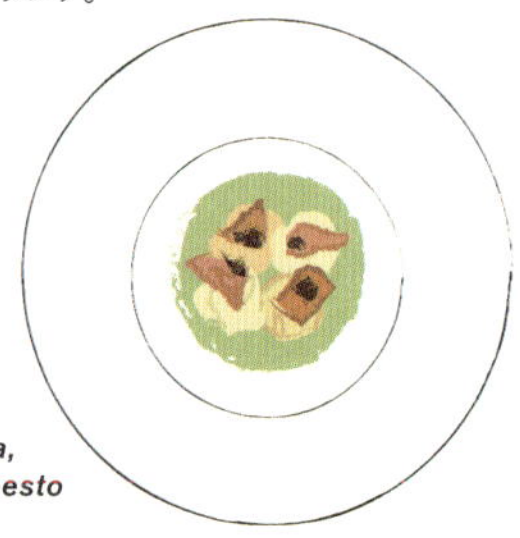

Tertelli with mozzarella, prosiutto and salada pesto

BORGO SAN JACOPO
ボルゴ・サン・ヤコポ

Borgo San Jacopo 62r, Firenze
tel 055-281-661

フィレンツェを本拠地とするフェラガモのプロデュースのこちらのお店は女性シェフが腕をふるう、ホテルルンガノ内にあるレストラン。イタリア版ミシュランと言われている「ガンベロ・ロッソ」でフォーク2本（ミシュラン2つ星相当）、米国ファイブ・スター・ダイヤモンド賞を受賞している名店。魚介系を得意とし、厳選された食材を味わうことが出来る。遠方からの客も多く、雰囲気だけではなくその味も確かなもの。スペシャルなディナーにはヴェッキオ橋を望むテラス席の予約を忘れずに。

MAP. 46

Crispy scallops, asparagus

IL SANTO BEVITORE
イル・サント・ベヴィトーレ

Via di Santo Spirito 66r, Firenze
tel 055-211-264

元銀行員と弁護士の幼なじみが何か面白いことをやりたいと意気投合してはじめたお店。地中海のテイストを折り込んだモダンイタリアンは3ヶ月ごとにメニューが変わり、足しげく通うリピーターも多い。開店以来人気は絶えず、予約は必須。数軒先にはワインバーIl Santino（イル・サンティーノ）をオープン。こちらも人気でいつも店先には人が溢れている。

MAP. 47

Zucchini flan

Food Culture

フィレンツェ最大の食市場「メルカート チェントラーレ」が
新しく生まれ変わった。一階の販売フロアはそのままに、
2階は全面リニューアルし、生ハム屋やピッツァ屋、
生パスタ屋、エノテカ、ピッレリア、カフェなど
イタリア全土から厳選された食材店が沢山並び、
全体が大きなフードコートになっている。以前の中央市場を
知っている人はモダンなレストランフロアに
驚くだろう。地元の人から観光客まで賑わうここにくれば、
イタリアの最新フードカルチャーを体験できる。

Mercato Centrale Firenze

Via dell'Ariento 87r, Firenze

MAP. 48

Foods As Gift

MARTELLI/ FAMIGLIA DI PASTAI

マルテッリ／ファミリア・ディ・パスタ

昔ながらの伝統的な製法を守り続けるマルテッリ兄弟による小さなパスタメーカー。セモリナ小麦の風味が強く、パスタの表面がザラついているのが特徴でソースが良くなじむ。紙袋のパッケージのデザインもお洒落。

DECARLO/BELLA DI CERIGNOLA

デカルノ／ベッラ・ディ・チェリニョーラ

みずみずしい超大粒のグリーンオリーブ。塩水で漬けたシンプルな味だからこそオリーブそのものの味が楽しめる。ジューシーな果肉は厚くしっかりとした歯応えでワイン片手にすると止まらない美味しさ。

GIUSEPPE GIUSTI/ACETO BALSAMICO

ジュゼッペ・ジュスティ／アチェート バルサミコ

公爵のシロップと呼ばれる、気品ある酢として知られるアチェート・バルサミコ。トレッビアーノ種から作られた白ブドウから作られ、奥深くまろやかなやさしい味わい。熟成年数によりラベルの色が変わり、銀ラベルは6年もの。

SANTELLA/OLIO EXTRAVERGINE DI OLIVA

サンテッラ／オリオ・エクストラ・ヴェルジーネ・ディ・オリーヴァ

トスカーナ産D.O.P. エクストラ・バージンオリーブオイル。軽めから重めまで3種類の小瓶のセット。サラダからローストした肉料理まで比べてみると楽しい。オリーブ専門店「ラ・ボッテーガ・デル・オーリオ」などで購入できる。

PROCACCI/ TARTUFI NERO

プロカッチ／タルトゥフィ・ネーロ

高級食材店「プロカッチ」ブランドの黒トリュフのオイル浸け。卵料理に良く合い、半熟目玉焼きやオムレツにトッピングすればそれだけでスペシャルな一皿に。

CHIOSTRO/AMARETTI

キオストロ／アマレッティ

イタリアマカロンと呼ばれる、マカロンのルーツ、アマレッティ。材料はアーモンドの粉、砂糖、メレンゲというシンプルなもので、固めの食感に独特の風味が特徴的。包み紙の中はセロファンで個包装されていて、ばらまきお土産にも。もちろん、自分用にもキープ。ひと口かじれば旅の思い出が蘇る、イタリア風味のクッキー。

TORRONCINI/ D.BARBERO

トロンチーニ／バルベロ

トロンチーニは柔らかいものが一般的。でも、バルベロ社のトロンチーニはカリッと歯ごたえのあるハードタイプ。ピンク缶がマカデミアナッツ、グリーンがピスタチオ、イエローはチョコレート。イタリアらしいスイーツ土産で、ぱっと目をひくカラフルなパッケージはお土産映えする最適なビジュアル。

LOACKER/ TORTINA

ローカー／トルティーナ

100％ナチュラルにこだわる老舗ウエハースメーカー。気軽にスーパーやデリで買えるのが嬉しい上、誰が食べても素直に美味しいと喜ばれる、個人的にはいち押しのお土産。

Epilogue

イラストレーターとして仕事をする中で、ずっと男性のイラストを描くのが苦手だった。
自分でも理由ははっきり分かっていた。メンズファッション、スタイルそのものを理解出来ていないから。だから、男性を描いても仕上がりが中々ぴたりと決まらない。

それでも、結婚してからは夫の買物で一緒にショップに行ったり、選んだりするようになってからはメンズファッションが日常生活の中で身近になり、男性を描くことも少しずつ楽しくなっていった。

ある時期から夫が仕事でピッティに通うようになり、現地の話を聞いているうちにピッティ・ピープルたちに興味を持つようになった。間近に触れてみたい、彼らを描いてみたいと思ったことがこの本の企画の始まり。

現地取材は2014年に開催された真冬の1月と初夏の6月の2回。
バッソ要塞の会場では世界中から集まるハイレベルなお洒落な男たちが次々と目の前を通り過ぎ、シャッターチャンスが追いつかないほど。一度のピッティ体験だけでも、おそらく一生分のお洒落な男たちを見たことに値しているのではないかと思う。

撮影した膨大な数のスナップ。
そのスナップから、この本に描いたピッティ・ピープルはわずかにひと握り。中には人目を惹くような奇抜なファッションの人もいたし、きっとイラストにしたら画的には面白い。でも、彼らにはシャッターを押す気にはならなかった。

あくまでも私の選ぶ女性目線でのかっこいい男性。というより、私が描きたい男性。偏ったセレクトには間違いないけれど、無意識に隣にこんなスタイルの男性がいたら素敵だと思えるピッティ・ピープルをセレクトしていた。

ここに描いた男性のキャラクターはさまざま。纏う衣服はキャラクター次第で全く違うスタイルにもなり得る。描き終わって改めて感じたことは、メンズファッションに関わらず、男性も女性もパーソナルな魅力を持った人だけが、纏う衣服をお洒落に見せている、ということ。

ただ、それに尽きるのだと思う。

そして、この本を描き上げてから、以前よりも人を描くことが楽しくなった。魅力的な被写体がある限り、これからもイラストレーターとして描き続けていける自信、その新たな発見を教えたてくれたピッティ・ピープルに感謝したい。

40歳を過ぎて、またお洒落することが楽しくなってきた。
大人だからこそ楽しめる、お洒落の知恵や遊びのセンス。まだまだピッティ・ピープルを
追いかけて学びたいと思う。

最後に、この本の企画に賛同していただき、イタリアのピッティ・イマジーネ社の出版許可に御協力していただいたトラフィックの森繁さん、一緒にピッティ漬けに付き合って的確なアドバイスをくださった編集者の田尻さん、イメージ以上の素敵な装丁に仕上げてくれた細山田さんと鎌内さん、巧みな表現でファッション解説をしていただいた小野田さん、その他関わってくれたたくさんの方々……。
そして、取材のコーディネートから、制作に至るまで、全面的にサポートしてくれた夫、
一緒に遊べない時も、応援してくれたふたりの可愛い子供たちも。
言葉に出来ないくらい、心からの感謝を込めて。

最後まで見てくださった全ての方々—
Grazie!

2014年12月
谷本ヨーコ

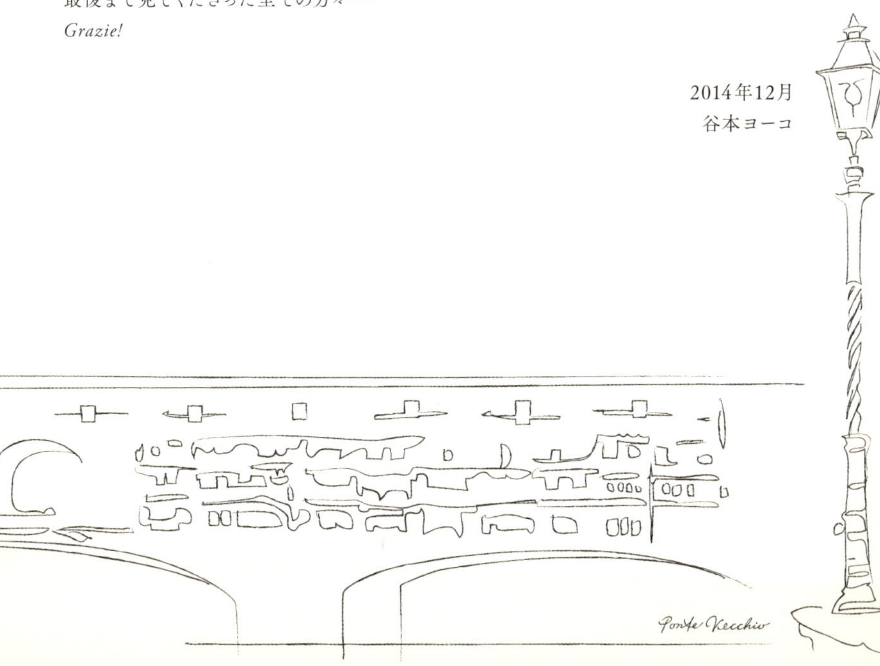

Map of Florence

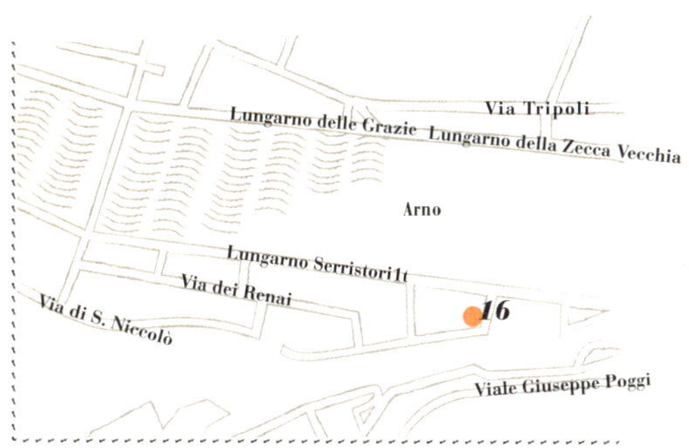

1. FRASI
2. LIVERANO & LIVERANO
3. MANNINA
4. EREDI CHIARINI
5. MILORD
6. FLOW
7. -PN\P
8. LUCIANO
9. BORSALINO
10. FALIERO SARTI
11. G.B. FRUGONE 1885
12. MICHELE NEGRI
13. GERARD
14. LUISA VIA ROMA
15. SUTOR MANTELLASSI
16. STEFANO BEMER
17. DR.VRANJES
18. UB
19. SANTA MARIA NOVELLA
20. GUCCI MUSEO
21. ERBARIO TOSCANO
22. IL BUSSETTO FIRENZE
23. CELLERINI
24. 'INO
25. POLLINI
26. CANTINETTA DEI VERRAZZANO
27. PERCHE NO!
28. GROM
29. VESTRI
30. EDOARDO
31. PROCACCI
32. SCUDIERI
33. GILLI
34. CAFFE GIACOSA ROBERTO CAVALLI
35. L'ART BAR
36. LE VOLPI E L'UVA
37. SE • STO ON ARNO
38. IL BORRO TUSCAN BISTRO
39. TRATTORIA CAMMILLO
40. SOSTANZA
41. BUCA DELL'ORAFO
42. GARGANI
43. 4 LEONI
44. ORA D'ARIA
45. IL SANTO GRAAL
46. BORGO SAN JACOPO
47. IL SANTO BEVITORE
48. MARCATO CENTARALE

P076-109に掲載された店舗情報は2014年6月時点のものです。

ピッティ・ピープル
Pitti PEOPLE

Portraits of the Italian Dandy
イタリア男のスタイルブック

2015年1月15日　初版第1刷発行
2015年4月10日　初版第2刷発行

Illustration & Composition : Yooco Tanimoto

Art Direction : Mitsunobu Hosoyamada

Design : Aya Kamauchi (HOSOYAMADA DESIGN OFFICE)

Edit : Ayako Tajiri (MOSH books)

Fashion Commentary : Hitoshi Onoda

Advise : Katsuhiro Inn

Translate : Kana Kawanishi, Minako Kano

Coodinate : Katsuaki Tanimoto (CASCADE COOP.)

Specieal Thanks to :

Pitti Imagine s.r.l, Makiko Morishige (traffic) , Mayumi Terashima, Yasuko Takahashi, Shoko Matsuoka, Takahiro Osaki, Haruka Kobayashi, Kin Kae, Rika Daikuzono, Flavia Fulco, ISETAN MEN'S, SDI, SLOWEAR JAPAN, CASCADE COOP.

発行人　籔内康一
発行所　株式会社ビー・エヌ・エヌ新社
〒150-0022 東京都渋谷区恵比寿南一丁目20番6号
FAX : 03-5725-1511
E-mail : info@bnn.co.jp
www.bnn.co.jp

印刷・製本　シナノ印刷株式会社

ISBN 978-86100-970-9
Printed in Japan